VIVE TU MUERTE

ANTONIO RIVERA ROSADO

Reservados todos los derechos. No se permite la reproducción total o parcial de esta obra, ni su incorporación a un sistema informático, ni su transmisión en cualquier forma o por cualquier medio (electrónico, mecánico, fotocopia, grabación u otros) sin autorización previa y por escrito de los titulares del copyright. La infracción de dichos derechos puede constituir un delito contra la propiedad intelectual.

El contenido de esta obra es responsabilidad del autor y no refleja necesariamente las opiniones de la casa editora. Todos los textos e imágenes fueron proporcionados por el autor, quien es el único responsable por los derechos de los mismos.

A menos que se indique lo contrario, todas las citas bíblicas han sido tomadas de la Santa Biblia, versión Nueva Reina-Valera Versión Siglo XXI, Derechos reservados © 2009 por Sociedad Bíblica Emanuel, 2905 NW 87 Ave., Doral, Florida 33172, EE.UU. Las citas bíblicas atribuidas a RVR1960 han sido tomadas de la versión Reina-Valera, Derechos reservados © 1960 por Sociedades Bíblicas en América Latina; © renovado 1988 por Sociedades Bíblicas Unidas.

Nota Editorial del Autor:
Esta obra sustituye los títulos romanizados, paganizados y/o transliterados atribuidos al Eterno y al Mesías tales como Dios, Jesús, Jehová (Iesus del antiguo griego) y se utilizan sus equivalencias restauradas del hebreo y/o arameo en conjunto con el Tetragrámaton (YHWH), con el propósito de honrar sus genuinas raíces, tanto por respeto y amor al Hacedor según establecido en Las Escrituras en su origen histórico y cultural, tanto como fuente educativa a la humanidad que desconoce sobre ello. Por supuesto, compartido sin ofensa a ninguna interpretación y sentir individual de cada ser, y con el propósito de continua y ascendente sabiduría con pureza de intención benigna y amor a cada asunto de relación con nuestro Abba Kadosh (Padre Santo).

Para asistencia, preguntas y/o comentarios acerca de este libro o con su Autor, favor de comunicarse por correo electrónico a: **vivetumuerte@yahoo.com** o a visite su página de Facebook en: **www.facebook.com/vivetumuertelibro**

Publicado por Ibukku
www.ibukku.com
Diseño de portada e interiores: Antonio Rivera Rosado
Maquetación: Índigo Estudio Gráfico
Copyright © 2015 Antonio Rivera Rosado
ISBN Paperback: 978-1-64086-876-2
ISBN eBook: 978-1-64086-877-9

Índice

Introducción 5

CAPÍTULO 1
Despertar 9

CAPÍTULO 2
Viviendo Tu Muerte 17

CAPÍTULO 3
Ante El Gran Juez 31

CAPÍTULO 4
Profecía 51

CAPÍTULO 5
ELOHIM 65

CAPÍTULO 6
Salvación 111

CONCLUSIÓN & ARGUMENTOS FINALES 165

Dedicatoria 169

Bibliografía 171

Introducción

Durante toda mi vida, me he topado con un sinnúmero de seres humanos de variadas edades, procedencia, clase social, personalidad y puntos de vista. Aun entre tanta diversidad, me he percatado de una creencia bien peculiar compartida. Existe un denominador común acerca de un deseo en particular: la gran mayoría de seres humanos desean poder querer regresar al pasado para arreglar traspiés cometidos. Qué curioso descubrir que, en algún momento en las vidas de cada ser humano, exista algo que desearíamos poder haber evitado para que, a nuestro presente, los resultados fueran otros. Si nos fijamos en esto, los errores a ser corregidos se remontan primordialmente a este primario plano terrestre que experimentamos dentro de la travesía mundanal desenfrenada. El enfoque principal del hombre es sobre las cosas que sentimos y vivimos mientras existimos.

Asuntos primordialmente emocionales, sentimentales, familiares, materiales, económicos, sociales y sicológicos. Muchos basados en nuestra salud, prosperidad relativa y búsqueda de felicidad propia. Todo lo que vemos y sabemos que en general es lo que los seres humanos buscan para sí mismos. A eso se le incluye, todo *el ámbito espiritual. Vivimos en una fijación individualista del presente.*

Vivir el momento se ha convertido en el énfasis. Adquirir la experiencia instantánea para luego preocuparnos con las consecuencias cuando lleguen, sean buenas o malas. Vivimos para lo inmediato. Por tal razón, cuando culmine lo inmediato, te alcance la realidad y llegue el momento de enfrentar las consecuencias; ¿No desearías haber tomado la decisión correcta y tener que evitar el peor desenlace? Sin la bendición de YHWH, el Creador de todo; ¿qué real sentido tiene acaparar todo en esta vida, corregir todos tus errores y alcanzar perfección mundanal si al final pierdes tu alma? ¿Cuánto tiempo tú crees que vas a vivir?

La muerte, para toda alma viviente es absolutamente... ¡inevitable! Partiendo de esa seguridad que llegará el día en que dejarás de existir; ¿Has pensado en las consecuencias de tu destino final? ¿Irás hacia salvación o perdición total? ¿No crees que sea la mejor alternativa poder evitar el peor desenlace imaginable?

Éste pequeño y corto libro, tiene un propósito benigno. No demostrará ninguna manera de evadir lo "inevitable". Si se propone ayudarte, por medio de la Palabra del Altísimo Creador, a inspirarte a realizar una importante introspección, durante el tiempo que te tome invertir en esta lectura. Para que puedas lograr algo increíble que quizás jamás sospechaste pudiera ser posible. Viajar a un futuro que no desearías para corregirlo en tu pasado.

Por eso el libro ha llegado como una llave espiritual a tus manos. En amor del Amoroso Padre Celestial, Elohim, enciende esta literaria máquina del tiempo y en su interior, inicia una exploración bíblica, imaginativa y bajo total seguridad, conscientemente por adelantado...
...¡Vive Tu Muerte!

Antonio Rivera Rosado

CAPÍTULO 1
Despertar

*I*niciemos el viaje. Imagina vivir en una isla perfectamente circular. Su esfera tiene un diámetro exacto de 50 millas. Empotrada en su epicentro, existe la capital urbana; hogar para casi 4 millones de habitantes. En algún lugar indefinido de las entrañas de esta metrópoli, te encuentras completamente inconsciente.

Repentinamente, tus sentidos recomienzan su estimular. Pausadamente, tus párpados emprenden apertura. El reflejo fotomotor de tus pupilas se reactiva, avivado por la claridad lumínica que irradia tus campos ópticos. Borrosidad desvanece y enfoque visual es optimizado. De un estado de inconsciencia; logras ver todo a tu alcance y comienzas a intentar descifrar tu presente dilema.

Primero: No reconoces dónde estás. *Segundo:* Tampoco recuerdas cómo llegaste aquí. *Tercero:* Ni idea concibes sobre su propósito. Pero acerca de algo, sí posees seguridad; este lugar te es absolutamente desconocido. Instintivamente se apodera de ti un estado innato de alarma. Reconoces un sentido de peligro, te levantas y con extrema cautela, procedes a buscar la salida de este lugar. Das varios, lentos pasos y logras llegar a una puerta solitaria. Cuidadosamente, pegas un oído a la misma. Solo silencio recibes. Sientes puedes proseguir, así que extiendes una mano, alcanzas la perilla y sigilosamente la giras.

Emerges a un área más amplia. Te luce como un almacén o sótano abandonado. El ambiente está saturado con ranciedad. Hueles todo mohoso y de un añejo modo. Una multitud de curtidas sábanas y pesadamente polvorientas cajas de cartón deslucen aún mayor el lugar. Pero un detalle peculiar absorbe tu atención. En una sección, un bien acomodado y masivo contenedor reluce como inquilino reciente; careciente de cobertura de sábana y desprovisto de granulación alguna. Tal presagio inyecta malestar a tus entrañas. Estallas en intensa premonición. Como insecto hechizado a atrayente fluorescencia, no puedes vencer al hipnótico impulso que te posesiona y accionas hacia el recipiente como marioneta magnetizada. De rodillas ante el gran cajón, un dúo de metálicos *"CLIC, CLIC"* declaran tu liberación de cerrojos de la cubierta protectora. Abres cuidadosamente, curioseas y el contenido súbitamente te engendra una aterradora implosión. Tus huesos se convierten en gélido ártico. Quedas un alma petrificada. Tu mundo entero se desploma ya que has destapado una...

...¡BOMBA NUCLEAR!

Los latidos de tu corazón han desfallecido. Toda tu cordura te ha renunciado y en su lugar, quien gobierna es un poderosamente abrumador y espeluznante horror. Indeseada parálisis asume tu dominio corporal. Dentro de tu inmovilidad, tu cerebro y ojos son los únicos órganos todavía en vital función. Piensas; nada en este preciso instante podría ser peor - hasta que - otorgando una metódica ojeada adicional, te percatas de tu exponencial aprieto. Una bombillita indicadora está encendida, y agrava el dilema al mostrar que la bomba está; *¡ARMADA!*

Quedas en total consternación. Tus pelos se erizan. Tu piel pierde toda su pigmentación y torna sobrecogedoramente translúciente. Eres la personificada definición de desesperanza de cualquier diccionario. De la nada, irrumpe un agudo *"BIP"*, seguido por un sepulcral silencio nuevamente. El problema incrementa al presenciar una fatídica lectura numérica en un tablero digital que revela la siguiente configuración de luminosos dígitos: 03H: 59M: 48S. ¡Oh no! Había iniciado su irreversible y siniestro conteo regresivo. En menos de 4 horas, esta poderosa bomba hará su inefable detonación. Reconoces que la ola de estallido alcanzaría hasta los extremos de la isla. Nadie está a salvo. Entras al reino del *pánico*.

El espanto detiene tu degenerativo grado de desmoralización. Imágenes inundan tu mente. Tu familia. Tus más amados son ahora tu único enfoque. Ya sabes la verdad. Esta bomba va a estallar, ellos no lo saben y no hay tiempo para impedirlo. Tu amor por ellos te libera del aprisionamiento físico. Tu cuerpo regresa a tu completo dominio. *Es* el momento de actuar. Tus amados son ahora tu único combustible. Solo existe una cruda realidad: salvación. Esa es ahora tu imposible misión. Inicia el frenesí.

Bajo un emocional desespero, recorres el camino sonando la trompeta de alarma a tu paso. Adviertes a cuanta alma viviente se topa en tu recorrido del peligro inminente mientras huyes hacia tus seres queridos. Desenfrenadamente sigues la marcha y ruges la voz de alerta. Miras hacia atrás a las multitudes que se alejan a distancia con miradas de incredulidad y rostros inmutados por tu clarín. Tus oídos se llenan con insultos, carcajadas y burlas. Un puñado escucha tu clamor y toma debida acción y ejecutan su huida; mientras el restante, sella caso omiso al llamado. No te detienes. Nada a tu alrededor posee valor real. Solo te diriges al rescate de los tuyos y evitarles su trágico final. Los demás, ignorantemente continúan cegados por su desconocimiento. Cerrados por su incredulidad. Inflados por soberano orgullo. Poseídos por vanidad. Sumergidos en sus deleites y repletos de escepticismo. Irónicamente, lo que les espera es un insospechado y muy triste destino final. Siendo tú ahora, quién se encuentra en la carrera hacia la meta más importante de todas.

Esto es *exactamente* lo que en vida real te *ESTÁ* sucediendo en este preciso segundo. Lo que se aproxima transcurrirá. *"TIC-TOC"*, ¡Se está acabando *TU* tiempo!

Con esa escena fresca en tu mente, *pondera* en las siguientes aseveraciones:

"Elohim no es hombre, para que mienta, ni hijo de hombre para que se arrepienta. Él dijo, ¿y no hará? Habló, ¿y no lo ejecutará?" (Números 23:19)

~~~~~~~

"Es imposible que Elohim mienta." (Hebreos 6:18)

~~~~~~~

"Además, el [Elohim] que es la Gloria de Israel no mentirá, ni se arrepentirá, porque no es hombre para que se arrepienta." (1 Samuel 15:29)

~~~~~~~

"En la esperanza de la vida eterna, la cual Elohim, que no miente, prometió desde antes del principio de los siglos." (Tito: 2)

Estas *son* solo algunas de las *promesas* de Yahvé (YHWH), Elohim; quién es Santo y Todopoderoso, no puede mentir, y como así lo ha declarado, va a suceder. No es una supuesta posibilidad. Es una certeza *inevitable*. Graba esto en tu psiquis por el momento. Todavía nos queda un gran recorrido por cubrir. Hagamos una ligera pausa y luego del corto preludio a continuación, seguiremos con nuestro viaje.

Muchísimas gracias por haber tomado la decisión de seguir adelante con la lectura de este libro. Te felicito por eso. Precisamente el propósito en seguir leyendo es ayudarte a descubrir y dedicarle consciente escrutinio a la noción de eventos Elohim ha establecido en La Biblia, portavoz de su Palabra a la humanidad entera. De esta manera, te permitas comprender; ¿dónde en el tiempo profético te encuentras? Aunque el libro no es muy extenso y me es imposible cubrir toda La Biblia, esta lectura sí que resultará en un vehículo valioso para ti. Ahora, en tus manos, el contenido te permitirá poder transportarte para visualizar un *"posible futuro"*. Deseo que sirva para lograr una introspección absolutamente sincera e íntima. Logres recibir el beneficio espiritual y eterno que este viaje intenta conllevar a tu ser. Así que, sin mayor preámbulo, continúa leyendo y bajo total seguridad literaria, por medio de estas páginas…

CAPÍTULO 2
Viviendo Tu Muerte

*H*as muerto. Hace mucho tiempo que dejaste de existir. Te encuentras en el sepulcro. Todo lo que eras en esta tierra fue transferido a la omisión. Te trasladaste a un dormitar espiritual. Te encuentras inerte. Eres un simple estado de constante inconsciencia. Un ente desprovisto de mecanismo de realidad, percepción o sentido táctil.

"Porque los que viven saben que han de morir; pero los muertos nada saben, ni tienen más paga; porque su memoria es puesta en olvido." (Eclesiastés 9:5)

Tus emociones y sentimientos han sido rendidos nulos.

"También su amor y su odio y su envidia fenecieron ya; y nunca más tendrán parte en todo lo que se hace debajo del sol." (Eclesiastés 9:6)

Inclusive de pensamiento y memoria alguna.

"Pues sale su aliento, y vuelve a la tierra; en ese mismo día perecen sus pensamientos." (Salmos 146:4)

"Porque en la muerte no hay memoria de tí; en el Seol, ¿quién te alabará?" (Salmos 6:5)

Una vez ejecutada tu partida, toda acción concluye en lo absoluto. Cesa todo. Tal destino es inalterable.

"Todo lo que te viniere a la mano para hacer, hazlo según tus fuerzas; porque en el Seol, adonde vas, no hay obra, ni trabajo, ni ciencia, ni sabiduría." (Eclesiastés 9:10)

Cuando las personas mueren, *sus pensamientos perecen inmediatamente* - "en ese preciso día". Eso es lo que dice la Biblia, y la Biblia es la *Palabra* de Elohim.

¿Comprendiste?

Continuemos.

Desde la inmensa profundidad de la inconsciencia, un sorprendente evento biológico es milagrosamente encendido. Dentro del tallo cerebral, un inerte complejo bosquejo nervioso llamado sistema reticular activador recibe el toque interruptor de un *llamado de Su voz* y actividad neurológica comienza su sorprendente regeneración. De manera simultánea, estallan múltiples reacciones de comunicación sináptica y millones de neurotransmisiones viajan a velocidades asombrosas entre neuronas, células efectoras vía impulsos nerviosos hasta cada axón y dendrita. Ahora reinician gradualmente las percepciones y se invaden los sentidos.

La recuperación de la consciencia no es instantánea; consumes variados segundos antes de verdaderamente emerger de abismal oscuridad. Arrancan tus frenéticos movimientos de ojos y tus párpados se desprenden como capullos prestos a recibir el alba. Habitas en un profundo estado de confusión, sin saber dónde te encuentras, ni cómo has llegado aquí. Sin embargo, afirmas lo innegable; de un prolongado sueño fúnebre, por fin has...

...¡Despertado!

Acabas de resurgir a la vida. El cuerpo humano viene impreso con un comando de auto preservación. Por consiguiente, instintivamente te auto examinas por daños, anomalías o detalle ajeno; pero todo verifica en perfecto estado. Sientes un gran alivio, lanzas un suspiro y te incorporas. Ya todos tus sentidos han sido restablecidos y todas tus facultades cognitivas reintegradas. Ahora empleas tus sensores de rastreo para descifrar tu actual ubicación.

Observas con detenimiento el suelo que pisas. Lo encuentras sobrenaturalmente extraño. Pisas firme y sólida superficie imposible incomprensible para tus sentidos. Es como estar sobre el espacio exterior bajo el sostén de una capa de invisibilidad solidificada. Te percatas de que la iluminación es intensa. El campo visual expande y recibes una emanación de color blanco y pulcro superior a todo tono previamente imaginado. Alzas y giras la mirada hacia izquierda y derecha, y te perplejas al ver hasta los confines del horizonte marcado. Asombro se apodera de todo tu ser. Increíble lo que ante tu presencia entra en reconocimiento. Una imponente estructura yace expuesta en majestad desde donde emana una poderosa palpable gloria indescriptible. Queda abandonada todo lo que produzca semblanza mundanal. Un sondeo a vuelta redonda refleja la más astronómica realización. Te encuentras ante el Trono Celestial en el Gran Juicio Final.

"Y ví un gran trono blanco y al que estaba sentado en él, de delante del cual huyeron la tierra y el cielo, y ningún lugar se encontró para ellos." (Apocalipsis 20:11)

A tu alrededor irrumpe un nuevo estado de aprensión. Múltiples seres emergen a la planicie cósmica sobrenatural que ahora les sostiene. Numerosidad incontable de humanos se agrupa a tu vecindad y cada rostro examinado porta el mismo grado de desconcierto e incredulidad. Fuiste el primer grano de arena incitado a resurgir en relación a un mar de almas que brota de un extremo a otro. Ansiedad te penetra. Te sobre invade una ominosa sensación. Recuerdas palabras que en aquel entonces decidiste ignorar y que ahora silenciosamente timbran los tímpanos de tu conciencia. Reconoces que los sepulcros fueron abiertos...

"Y muchos de los que duermen en el polvo de la tierra serán despertados, unos para vida eterna, y otros para vergüenza y confusión perpetua." (Daniel 12:2)

¡Qué impactante acontecimiento te has auto revelado! ¡No puede ser! ¿Cómo es esto posible? Tu finita mentalidad estalla en conflicto interno. Ahora te encuentras en una paradoja ineludible. Germinas frustración inescrutable. Es demasiado tarde. Una absoluta abismal desesperanza te posesiona. Observas a tu alrededor y presencias el mismo cuadro personal. No importa cuántas almas divisas, todas portan el mismo semblante en sus pálidos y sombríos rostros. En este preciso instante, todos y cada uno de los seres en esta dimensión de realidad futura solo logran converger en un solo pensamiento, y al unísono, cada mente junto a la tuya proclama la horrenda realización de su absurdamente insólita, inconcebible pero inexcusable nefasta consecuencia de la vida pasada: ¡NO ME SALVÉ!

Es *imposible* describir el horror que los aprisiona. Ya nadie dispone de más tiempo para echar sus hechos hacia atrás. Ninguno puede ahora remediar de manera alguna su antiguo recorrido existencial. Como si compuertas hidráulicas de una represa hubieran sido abiertas a su máximo alcance, tu mente recibe el abrumador derrame simultáneo de pasadas amonestaciones, súplicas e invitaciones a estudios bíblicos. Repasa tu memoria cada versículo expresado, cada aviso rechazado y cada Palabra del Altísimo proclamada que fue despreciada. Se apodera una densa angustia durante este preciso instante donde clamas con desquicia por poder ahora volver a recibir. Tu desasosiego y vergüenza es tal que darías *TODO* por la exoneración de pecados. Una última oportunidad de salvación; que desafortunadamente por genuino tu clamor ahora, sabes que NO RECIBIRÁS. Tu rechazo a las verdades de Elohim te condujo hasta aquí. Es la hora del juicio y perdición de los impíos. Contempla estas alarmantes declaraciones del Todopoderoso, que *NO* puede mentir y cumplirá.

"Porque es día de venganza de YHWH, año de retribuciones en el pleito de Sion." (Isaías 34:8)

"Porque la paga del pecado es muerte..." (Romanos 6:23)

"El alma que pecare, esa morirá..." (Ezequiel 18:20)

"E irán éstos al castigo eterno..." (Mateo 25:46)

"YHWH guarda a todos los que le aman, más destruirá a todos los impíos." (Salmos 145:20)

"Para que cada uno reciba según lo que haya hecho mientras estaba en el cuerpo, sea bueno o sea malo." (2 Corintios 5:10)

"Los cuales sufrirán pena de eterna perdición, excluidos de la presencia del Señor y de la gloria de su poder." (2 Tesalonicenses 1:9)

Eres ahora producto del mayor conflicto de los siglos de la historia humana, la lucha entre el bien y el mal, que consideraste una falacia. Un increíble cuento de hadas pensaste. Por lo que finalmente optaste por orgullo, vanidad, soberbia, egocentrismo y un sinnúmero de atributos más por sencillamente dedicado a quererlo ignorar.

Instantáneamente, una indefinible energía luminosa se vierte sobre ti, que mientras se despliega, va moldeando una forma cupular. Pronto quedarás en aislada, completa inmersión. Finalizada la cubierta, te encapsula en su interior. Inicia una proyección holográfica en sus paredes. Como si se tratara de una película, los visuales comienzan a revelarte desde el instante de concepción. El tiempo no posee potestad alguna aquí. Dentro de tu cúpula, presencias el recorrido de tu historia pasada. Elohim ha ordenado que ahora logres discernir toda tu evolución terrenal mediante visión espiritual y te percates de lo que antes no se era capaz de concebir. El velo inter dimensional ha sido desintegrado y autoridad se te otorga para presenciar ambos dominios en paralelo acorde. Bajo terrible y divinamente precisión de exactitud, examinarás toda tu existencia según los infalibles registros celestiales. Tus acciones, decisiones y oportunidades bajo fiel escrutinio han sido extraídas e iluminadas por la divinidad ante tu conciencia y carácter. El Gran Juicio del Trono Blanco ha dado inicio.

"Y ví a los muertos, grandes y pequeños, de pie ante Elohim; y los libros fueron abiertos, y otro libro fue abierto, el cual es el libro de la vida; y fueron juzgados los muertos por las cosas que estaban escritas en los libros, según sus obras." (Apocalipsis 20:12)

El recorrido visual de la película de tu vida ha concluido. Has revisitado tu pasado y estás absoluta e innegablemente consciente de cada pecado cometido. No hay duda sobre todo desvío de la instrucción recta y santa. Quedas bajo total convicción de tu transgresión y acto de rebelión contra de la ley del Eterno. Aceptas y asumes franca responsabilidad por haber cedido antes las múltiples y seductoras tentaciones que forjaron la consumación de tus pecados. Lamentas cada bendición que te alcanzó, pero causaste eludirte. Te arrepientes de haber rechazado cada aviso de los mensajeros del Infinito Amoroso Creador. Tal arrepentimiento es genuino y concreto, pero la ventana de la gracia divina ya había llegado a su fin. Encontrar a Elohim **ERA** en su marco de tiempo.

"Buscad a YHWH mientras puede ser hallado, llamadle en tanto que está cercano." (Isaías 55:6)

Desafortunadamente, *NO* estuvo basado en tiempo infinito. Como en la era de Noé, Elohim decretó que la duración de los impíos es temporera y así lo cumplió.

"Y dijo YHWH: No contenderá mi espíritu con el hombre para siempre, porque ciertamente él es carne; más serán sus días ciento veinte años." (Génesis 6:3)

Y según su Palabra, fiel y justa, en aquellos días, una vez cumplido el tiempo establecido por el Elohim de súplica, la puerta a la salvación fue cerrada.

"Y los que vinieron, macho y hembra de toda carne vinieron, como le había mandado YHWH; y YHWH le cerró la puerta." (Génesis 7:16)

Aconteció que toda carne animal sobre la tierra y cada ser humano que rehusó entrar en el arca, pereció. Por esa misma razón, te encuentras tú ahora fuera de la puerta, al haber perecido por tu rechazo a entrar por ella. Este relato bíblico ha sido estampado dentro de las páginas para referencia futura, de que muy pronto y nuevamente, el último tiempo de amnistía cesará.

Esta es la incesante advertencia que Elohim ofrece a todos. El pecado tiene que ser erradicado de la existencia y Él va a llevarlo a cabo. Bajo perpetuo amor, bondadosamente nos revela que existe una única salida para no ser consumido por las llamas purificadoras que erradicarán la maldad para siempre, y para atravesar por ella, tal tiempo es **_LIMITADO._**

"Más como en los días de Noé, así será la venida del Hijo del Hombre." (Mateo 24:37)

"Entrad por la puerta estrecha; porque ancha es la puerta, y espacioso el camino que lleva a la perdición, y muchos son los que entran por ella; porque estrecha es la puerta, y angosto el camino que lleva a la vida, y pocos son los que la hallan." (Mateo 7: 13-14)

"Así que arrepentíos y convertíos, para que sean borrados vuestros pecados; para que vengan de la presencia del Señor tiempos de refrigerio." (Hechos 3:19)

"Porque de tal manera amó Elohim al mundo, que ha dado a su Hijo unigénito, para que todo aquel que en él cree, no se pierda, más tenga vida eterna." (Juan 3:16)

"Por lo cual el mundo de entonces pereció anegado en agua; pero los cielos y la tierra que existen ahora, están reservados por la misma palabra, guardados para el fuego en el día de juicio y de la perdición de los hombres impíos." (2 Pedro 3:6-7)

"Y no temáis a los que matan el cuerpo, más el alma no pueden matar; temed más bien a aquel que puede destruir el alma y el cuerpo en el infierno." (Mateo 10:28)

"¡Horrenda cosa es caer en manos del Elohim vivo!" (Hebreos 10:31)

    Y es precisamente lo que has logrado. Terrible espanto te estremece. Ante la temible presencia de Ése Omnipotente Ser, capaz de destruir tu alma, quedas a merced...

CAPÍTULO 3
Ante El Gran Juez

La cúpula que te cubre, como si se tratase de un pergamino, se enrolla de manera ascendente hasta desvanecerse en su totalidad. Ante ti, ahora queda expuesta una impactante imagen que jamás pensaste poder presenciar. El lúgubre cuadro de tu escenario previo, desprovisto de matices, se encuentra ahora sorprendentemente iluminado por el fulgor y viveza de las múltiples tonalidades lumínicas que produce la **Sala de Juicio del Trono Blanco de Elohim**. Ahora para ser todos juzgados.

"Y el mar entregó los muertos que había en él; y la muerte y el Hades entregaron los muertos que había en ellos; y fueron juzgados cada uno según sus obras." (Apocalipsis 20:13)

Tu estado de incredulidad es casi inconcebible. Lo que presencias no tiene descripción humanamente posible. Sufres de disartria, la incapacidad de articular palabra alguna, al igual que otras discapacidades como resultado. La impresión producida en tu psiquis ofusca tu entendimiento. En atónito estado, quedas en cautividad por tal majestuosa e inconcebible obra maestra del Trono Celestial y del Ser que divisas sentado allí y que pronto tendrás que postrarte ante.

Tu asombro momentáneo es doblemente derribado por el conocimiento de tu presente situación. Giras a tu alrededor y observas nuevamente con detalle minucioso lo que existe a derredor. Una inmensa muchedumbre. Se amasan seres humanos como un interminable manto que, como los granos de arena, forman lo descrito en le Biblia como la gran multitud. Multitudes de compañeros terrestres de diversas nacionalidades, géneros, rangos, posiciones sociales, jerarquía militar, realeza, resucitados de múltiples eras de la historia. El trasfondo extraordinario Ante El Gran Juez.

Solo a la humanidad resta ser juzgada. La sentencia ya el Padre había decretado a la incontable representativa de ángeles caídos, transformados en demonios por haber abandonado su primer estado en el cielo con Elohim. Es bajo potente asombro que realizas la medida intelectual de este acontecimiento. La raza que jactabas no existía, eran meras pamplinas y cuentos, al arribo del Todopoderoso Soberano, fueron echados a su destino final cuando los cielos y la tierra fueron desechos para dar paso al Juicio del Trono Blanco. Pero nada sobrepasa el inaudito impacto en distinguir que, al terrible autor del mal, líder de los caídos ángeles negros, padre de mentiras y el villano que burló al mundo entero; insólitamente inclusive a ti, SATANÁS, recibió primero su decreto de condenación perpetua.

"Y fue lanzado fuera el gran dragón, la serpiente antigua, que se llama diablo y Satanás, el cual engaña al mundo entero; fue arrojado a la tierra, y sus ángeles fueron arrojados con él." (Apocalipsis 12:9)

"Y el diablo que los engañaba fue lanzado en el lago de fuego y azufre, donde estaban la bestia y el falso profeta; y serán atormentados día y noche por los siglos de los siglos." (Apocalipsis 20:10)

¿Cómo pudiste llegar hasta aquí? ¿Cómo es posible que hayas caído bajo tan vil y astuto engaño? Tú creías bajo absoluta firmeza que el diablo no existía, que todo ese enredo era basado en una farsa de la religión. Qué incrédulos eran esos supuestos "Cristianos" que se perdían todo lo bueno de la vida y se abstenían de tanta diversión y placeres terrenales por dejarse llevar por esas falacias. Ahora te timbra el subconsciente con alarmante resonancia. El cual, *"supuestamente"* decía la Palabra de Elohim, engañaba y que al mundo *"imposiblemente"* entero. Que irónico que resultó al final, tal *"inexistente"* ente, ser quien te entrampó en sus invisibles y sobrenaturalmente hábiles artífices. Ahora ni siquiera él quedó impune al ser arrojado a tormento.

Dos caminos te fueron presentados. Comparativamente te confrontas. ¿Cuál verdaderamente conducía a confusión y perdición? ¿Qué dijo el Hijo de Elohim acerca de evitar este final?

"Pues YHWH no es Elohim de confusión, sino de paz." (1 Corintios 14:33)

"Yeshúa le dijo: Yo soy el camino, y la verdad, y la vida; nadie viene al Padre, sino por mí." (Juan 14:6)

El proceso de eliminación descarta la segunda opción. Siendo ya más que evidente cual sendero finalmente no elegiste, una ecuación te formulas; tratando de armar un rompecabezas de la más horrenda revelación jamás dedicada a cuestionarte. *¿CÓMO EN REALIDAD ME ENGAÑÓ?*

"Porque todo lo que hay en el mundo, los deseos de la carne, los deseos de los ojos, y la vanagloria de la vida, no proviene del Padre, sino del mundo." (1 Juan 2:16)

"Sabemos que somos de Elohim, y el mundo entero está bajo el maligno." (1 Juan 5:19)

Satanás tiene astucia a nivel sobrenatural y superdotado poder. Su eficaz artimaña consistió en cegarte acerca de la verdad de salvación. Con monumental facilidad, solo hizo un mínimo esfuerzo y usó la distracción. Su inteligencia es tal que no tiene que realizar mayor esfuerzo sobre este primero: usarte a tu propia contra. El Evangelio ilumina las buenas nuevas del Reino de Elohim al mundo sumergido en tinieblas para que esa gloriosa luz conduzca a almas a su gran rescate.

"En los cuales el dios de este siglo cegó el entendimiento de los incrédulos, para que no les resplandezca la luz del evangelio de la gloria de Cristo, el cual es la imagen de Elohim." (2 Corintios 4:4-5)

Una vez separó tu mente del camino de Elohim, y mantuvo tu interés ofuscado en el mundo... ¡ganó!

"¡Oh almas adúlteras! ¿No sabéis que la amistad del mundo es enemistad contra Elohim? Cualquiera, pues, que quiera ser amigo del mundo, se constituye enemigo de Elohim." (Santiago 4:4)

"El que no es conmigo, contra mí es; y el que conmigo no recoge, desparrama." (Mateo 12:30)

Todos los que no son fervientes discípulos de Yeshúa (Cristo), son siervos de Satanás por *omisión*. He ahí tu respuesta.

Qué ironía te presentas. Contemplación de la más profunda realidad que te dominó de manera desapercibida llevas a cabo ahora, siendo justamente al final del camino cuando te percatas de tu peor, cruda e inconcebiblemente infame realidad. El verdadero peor enemigo de tu alma resultó ser; la tuya propia.

Este desconsolador desenlace se engendró, autónomamente mediante tu auto concebida decisión de independencia y rebelión a los preceptos divinos. No fue simplemente que el enemigo te logró entrampar, sino que, por tu egoísmo, soberbia, banalidad, arrogancia, ignorancia y falsa autonomía, te causaste apertura para el engaño triunfar. El resultado de la efectiva decepción de Satanás, por haberle permitido lograr desvío de la santa senda; estampó tu destino para siempre.

Tu audición es invadida por el estruendo simultáneo de poderoso rugir de trueno mezclado con sonido de potente torrente de muchas aguas bajo comando de absoluta Autoridad. Alcanzó a tus oídos el retumbe timpánico de la inequívoca voz del Todopoderoso, Elohim de la Creación, Soberano del universo.

"Porque YHWH vuestro Elohé es Elohim de dioses y Señor de señores, Elohim grande, poderoso y temible, que no hace acepción de personas, ni toma cohecho." (Deuteronomio 10:17)

Con indescriptible espanto, tu médula ósea se siente derretir internamente, tu soporte motor pierde potestad, y tus rodillas inmediatamente te desobedecen. Ellas mismas se lanzan a postrarse ante la llegada del temible gran Yo Soy, YHWH, Elohim. Implacable y justo juez de toda la creación.

"Porque escrito está: Vivo yo, dice el Señor, que ante mí se doblará toda rodilla, Y toda lengua confesará a Elohim." (Romanos 14:11)

"Tema a YHWH toda la tierra; Teman delante de él todos los habitantes del mundo." (Salmos 33:8)

"Grande es YHWH, y digno de suprema alabanza; Y su grandeza es inescrutable." (Salmos 145:3)

"Los montes tiemblan delante de él, y los collados se derriten; la tierra se conmueve a su presencia, y el mundo, y todos los que en él habitan." (Nahúm 1:5)

"Porque nuestro Elohim es fuego consumidor." (Hebreos 12:29)

"El cual pagará a cada uno conforme a sus obras." (Romanos 2:6)

"Uno solo es el dador de la Torá (Torah), que puede salvar y perder;" (Santiago 4:12)

"Elohim es juez justo, Y Elohim está airado contra el impío todos los días." (Salmos 7:11)

"Y los cielos declararán su justicia, porque Elohim es el juez." (Salmos 50:6)

"Porque YHWH es nuestro juez, YHWH es nuestro legislador, YHWH es nuestro Rey;" (Isaías 33:22)

"Porque recta es la palabra de YHWH, Y toda su obra es hecha con fidelidad." (Salmos 33:4)

"Convocará a los cielos de arriba, Y a la tierra, para juzgar a su pueblo." (Salmos 50:4)

"El juzgará al mundo con justicia, Y a los pueblos con rectitud." (Salmos 9:8)

"Delante de YHWH que vino; Porque vino a juzgar la tierra. Juzgará al mundo con justicia, Y a los pueblos con su verdad." (Salmos 96:13)

"Mía es la venganza, yo daré el pago, dice el Señor. Y otra vez: El Señor juzgará a su pueblo." (Hebreos 10:30)

Todos los impíos del mundo están clavados de rodillas ante el tribunal de Elohim. Todos han sido justamente acusados. La acusación que enfrentan es de alta traición contra el gobierno de justicia, paz y santidad del cielo y del propio Creador. No existe nadie, ni nada que los pueda eximir de su castigo. El universo entero es incapaz de proveer defensa en su favor. Les brota concebir que es ineludible el reconocer que no existe disculpa alguna que los exonere. Todo el trayecto de su historia ha concluido en este punto convergente en el tiempo. Han llegado al principio de su final. El "Alef" & "Tav" ha decretado su sentencia de muerte; y tal irrevocable resultado ha sido sellado de manera **¡PERPETUA!**

Ante la sentencia aterradora pronunciada por el Juez Supremo universal, se ejecuta la orden para que todos los impíos, desde el gran engañador hasta el menor, comiencen a recibir su implacable condenación.

"Y vi a los muertos, grandes y pequeños, de pie ante Elohim; y los libros fueron abiertos, y otro libro fue abierto, el cual es el libro de la vida; y fueron juzgados los muertos por las cosas que estaban escritas en los libros, según sus obras." (Apocalipsis 20:12)

"¡Serpientes, generación de víboras! ¿Cómo escaparéis de la condenación del infierno?" (Mateo 23:33)

"Y no temáis a los que matan el cuerpo, más el alma no pueden matar; temed más bien a aquel que puede destruir el alma y el cuerpo en el infierno." (Mateo 10:28)

"Y el que no se halló inscrito en el libro de la vida fue lanzado al lago de fuego." (Apocalipsis 20:15)

"Y al siervo inútil echadle en las tinieblas de afuera; allí será el lloro y el crujir de dientes." (Mateo 25:30)

Toda la multitud se encuentra de rodillas, en absoluta, negra y abismal vergüenza. Vencidos, perdidos para siempre por la autoría de sus pecados y el resultado que ha de iniciar. Humillación, deshonra, infamia y concreta indignación es lo único dentro del vacío de todo corazón y alma; y la gravedad de su peso es incalculable. El último pensamiento coherente de todos los condenados resulta ser el mismo: Elohim *Es* la Verdad. Cabizbajos y rendidos todos, aceptan su sentencia. ¡El fin del tiempo es... *YA!*

Fuego y azufre sepulta a todos los impíos en sus insaciables entrañas. El manto de llamas infernales consume toda alma a su entrega como una vorágine que arrasa con un apetito voraz. Nadie albergaba la más mínima comprensión de cuán horripilante suceso sería este, y mucho menos de cuán torturador su efecto; pero nadie lo sufre más que Elohim mismo.

En realidad, el fuego de consecuencia perpetua nunca fue creado por el eternamente amoroso Padre Celestial para la humanidad.

"Entonces dirá también a los de la izquierda: Apartaos de mí, malditos, al fuego eterno preparado para el diablo y sus ángeles." (Mateo 25:41)

Desafortunadamente, la gran, incontable multitud adherida al pecado, sido incapaz en desprenderse del mismo por su apego, adicción o voluntariedad, debe ser consumida bajo la indefinible tristeza del Creador. Aun gratuitamente concedidos sus deseos de amor, su perdón, su gracia e incesante clamor a su misericordia; incontables almas rechazaron su redención y jamás se concedieron la bienvenida al abrazo del arrepentimiento veraz; y sucumben en este instante.

"El Señor no retarda su promesa, según algunos la tienen por tardanza, sino que es paciente para con nosotros, no queriendo que ninguno perezca, sino que todos procedan al arrepentimiento." (2 Pedro 3:9)

El castigo diseñado únicamente para el adversario del Altísimo y tentador de los hombres, sus ángeles caídos o demonios, irónicamente pasa ahora a también ser amalgamado a los soberbios y desobedientes humanos. El propósito de Elohim es erradicar el pecado y la maldad para siempre. Poder engendrar un nuevo mundo y un universo libre de tal mortífero efecto. Con todos sus sentidos humanos intactos, el proceso de incineración se lleva a cabo. Primero, ocurre una reacción exotérmica, alcanzando consumición absoluta del pecado primordialmente. En sucesión, una vez exhausto el proceso de incineración del pecado, las llamas devoradoras alcanzan la corteza humana y el cuerpo orgánico estalla en combustión vivaz de incandescencia perpetua.

Profundiza esta analogía. Tomen una mota de algodón y sumérjanle en alcohol. Asegurar que la mota sea empapada totalmente en el líquido inflamable. Inmediatamente, coloquen la mota sobre un recipiente que no sufra daño al fuego y de manera segura, enciéndanle una llama a la mota y observen con suma atención. La mota desprende llamas inmediatamente. El alcohol comienza a ser consumido, pero el alcohol es primordialmente lo único que se encuentra encendido. La mota de algodón, aún mientras saturada del líquido, *NO* se está quemando. Las flamas, debido al gran volumen de combustible, se elevan alto al comienzo y arden por un buen tiempo. De repente, las llamas comienzan a menguar y en un momento determinado, desiste la inflamabilidad del alcohol y da inicio a la combustión del material de la mota. El algodón se quema y desintegra para siempre. Aplica esta explicación al consumo de las almas. Primero se quemará todo tu pecado acumulado durante tu existencia, para luego incendiarte tú. ¡**Qué horror!**

Permítete ahora adentrar más profundo todavía. Formula esta ecuación en tu interior, aplica todo el peso de tu intelecto a la aseveración. Bajo tu cuerdo enfoque, trata lo más fidedignamente posible de comprender esta comparativa y llega a la realización de la intensidad de la inimaginable potencia de lo expresado.

El fuego quema una serie de materias tanto físicas como orgánicas. Es un poder altamente enérgico y letalmente destructivo. Papel, madera, vegetación, plásticos, estructuras, seres, metales e innumerables objetos, entidades, organismos son consumidos por este, una vez iniciado, comportamiento fisicoquímico proceso.

¿Quién no ha alcanzado conocer en algún momento de sus vidas la apariencia, calor y alcance de llamas expedidas y sentido en su propia piel el terrible alcance de su extensión termodinámica?

Termodinámica es el nombre de la rama de la física que hace el foco en el estudio de los vínculos existentes entre el Calor y las demás variedades de energía. Analiza a continuación esta ilustración de los efectos macroscópicos y microscópicos de las modificaciones de temperatura en grados Fahrenheit de presión, densidad, masa y volumen según su incremento basado en cada ejemplo.

La medida calorífica durante la temperatura de ignición de un cerillo o palillo de fósforo es aproximadamente a 1,472 grados Fahrenheit.

Una hoguera o fogata de aproximadamente 3 pies de altos y alrededor de 10 pedazos de leña arde a un promedio de 2,012 grados Fahrenheit.

La llama de una vela de cera arde en algunos 2,552 grados Fahrenheit.

El acero, aleación compuesta primordialmente de Hierro, derrite a los 2,750 grados Fahrenheit.

Un rayo que cae del cielo arde a 54,032 grados Fahrenheit.

En cuanto al sol, nuestro personal astro, este emite luz que aproximadamente tarda algunos 8 minutos en alcanzarnos y todos hemos sentido la intensidad de su calor a pesar de encontrarse en su circuito. Considera que potencia contiene la luz solar durante sea su gran recorrido de millas por la superficie terrestre.

El sol se mantiene constantemente en activa fusión nuclear que produce un nivel térmico calculado por la comunidad científica en algunos 9,941 grados Fahrenheit, y siendo eso solamente en la superficie. La temperatura estimada de la corteza o núcleo solar es de 27 millones de grados Fahrenheit. ¿Imaginas cuánto debe arder eso?

Ahora cuestiónate; ¿Quién podría calcular la cantidad de grados Fahrenheit necesarios para que el pecado sea consumido y un alma alcance total incineración? Si nunca sacaste un momento para pensar en esta consecuencia; ¿no considerarías, hoy, decidir evitar tal astronómicamente horrenda intensidad?

Por favor, comprende ahora lo siguiente. Existen dos grandes razones para Satanás haberse dedicado a destruir almas durante su tiempo de ocupación. ¡Esto es importante saber!

- Satanás, antes Lucifer, era un gran arcángel sin pecado y justo, dotado de sabiduría y hermosura que perdió su puesto privilegiado como guardián del trono de Elohim. No sabremos hasta nuestra vida en el cielo y allá nos sean revelados los sucesos de este acontecimiento; pero sabemos que Lucifer, se corrompió y aspiró no solo al puesto de Cristo, sino también hasta maquinar usurpar el trono de Elohim y ser mayor que el Altísimo.

- Lucifer, en su rebelión en el cielo, condujo a una tercera parte de los ángeles que estaban bajo su dirección, cuando cayó de la gracia de Elohim, por el pecado de su soberbia y orgullo. Fueron él y sus ángeles desterrados para siempre y **_NO TIENEN PERDÓN_** de Elohim. Su desenlace fue decretado para el tiempo definido por Elohim para su eterna destrucción en las llamas consumidoras y su extirpación de la existencia.

- Odia, odia y odia a los humanos por tres razones. Somos creados a imagen y semejanza de Elohim y cada vez que nos ve, le reflejamos eso y avivamos su grotesca naturaleza y desprecio. Los Humanos (almas vivientes) tienen la oportunidad que él y sus secuaces demoniacos jamás volverán a tener; el perdón bajo la gracia de Adonai. Mientras más almas engaña y conduce a ruina mortal, exponencial angustia le causa al Eterno Padre.

- Su tiempo es corto. Al no quedarle remedio alguno de perdón divino o salvación, ataca la ley de Elohim acusándola de falsa e injusta. De igual manera, hiere diariamente el corazón del Bondadoso y Amoroso Padre Celestial al mofarse y reírse por cada alma que lleva con sus engaños y artimañas a destrucción permanente.

¿Ves? Satanás nunca ha tenido remedio. Por el tiempo restante de su existencia, solo realiza una tarea; separarnos de la salvación por medio del regalo de Cristo en la cruz y la gracia del Padre. No importa cómo lo haya logrado, caíste en su espejismo y hoy vives tu muerte. Pero sabiendo todo esto, toda la Biblia revela el infinito amor de YHWH y su contenido es una súplica indeleble que Elohim hace a toda alma en su existencia. Para recibir misericordia y redención. Alcanzar lo que Satanás nunca jamás podrá; el Evangelio eterno: *¡SALVACIÓN EN EL REINO DE ELOHIM POR MEDIO DE SU HIJO UNIGÉNITO: YESHÚA HA'MASHIAJ!*

"Por lo cual estoy seguro de que ni la muerte, ni la vida, ni ángeles, ni principados, ni potestades, ni lo presente, ni lo por venir, ni lo alto, ni lo profundo, ni ninguna otra cosa creada nos podrá separar del amor de Elohim, que es en Cristo Yeshúa Señor nuestro." (Romanos 8:38-39)

Hasta ese momento, nadie de la tierra es capaz de siquiera alcanzar el límite de sus facultades cognitivas e imaginarse un desenlace tan mortalmente inaudito. Pero, nadie puede evadir reconocer que mientras eres consumido enteramente, tu participación en este relato habrá sido borrada. Desechado irrevocablemente de las crónicas de tiempo inmortal de registrada historia humana. Estás viviendo tu muerte al doble. Marcando esta vez, un secundario deceso y en finalidad; la expiración del caudal de toda la existencia. Esta postrera vez, tal muerte es inherentemente de repercusión...

¡ETERNA!

CAPÍTULO 4
Profecía

Ya viviste tu muerte. Fuiste al futuro y, tomando esta peculiar perspectiva, comprendes bien el peso de tan errónea y perpetua decisión; si acaso entiendes y aceptas, esa podría resultarte. Ahora, sin desprender este conocimiento de tu mente, considera esto:

Un tercio de la Biblia es aproximadamente dedicado exclusivamente a profecía. ¿No crees que sea sumamente importante señalarlo con hincapié? Pregúntese: ¿Qué posible propósito tendría Elohim para dedicarle una tercera parte de su Palabra a eventos futuros antes de que sucedan? Analizarlo bien profundo. Elohim enfatiza en que sepamos todos que Él separó una tercera parte de la Biblia adrede. Para que inclinarte a que pudieras ver como lo que ÉL adelanta, llega por su infalible voluntad y poder, cumplirse. Eso es algo que nadie debe ignorar. Ahora pues, ¿Qué *es* profecía bíblica entonces?

Profecía Bíblica es inspirada, divina revelación. La predestinación de eventos históricos por parte de nuestro Elohé. Se basa en escritos de eventos por adelantado. Todos ellos, pertenecientes al plan que se desarrolla para toda la humanidad, según establecidos por parte del Omnipotente Soberano. En pocas palabras: predecir el futuro con su exactitud divina. Para demostrar que Elohim es el Autor de su Palabra y que todo lo profetizado, lo… ¡VA A CUMPLIR!

Millones de personas simplemente no leen la Biblia y una vasta sección de las Sagradas Escrituras quedan; por tal razón; totalmente fuera de su entendimiento. ¿Cómo es posible que la humanidad pretenda alcanzar sabiduría y conocimiento del Divino Creador, si tan siquiera se toman el tiempo personal para dedicarlo a leer su Palabra? La importancia del asombroso y transformador contenido de la Biblia queda en consecuencia NEGADO para todos ellos. Cerrado el candado al mapa de la libertad eterna. Adoctrinados a solo la final mitad, cuando TODA es una en contexto.

Fíjense bien la razón. Por puro desconocimiento y/o tosquedad auto propiciada, cada alma lo decide así; ignorarlo.

¿A cuántos no les fascinaría poder tener la habilidad de la clarividencia y poder predecir el futuro y cambiarlo a su beneficio? Pues, eso es exactamente lo que Elohim te permite a *TI* en su Palabra por medio de la profecía. Entonces, partiendo de que Elohim es perfecto y no puede mentir; ¿incluiría en su Palabra tanto énfasis profético para alcanzar nuestra salvación, evidenciar su fidelidad para luego, irónicamente contradecirse? Invertir tanto contenido para ilógicamente entonces: ¿detenerse y no obsequiarnos el significado? ¿Definitivamente no le parece tal extraña acción como absurdamente incoherente de un Omnisciente Ser de Orden y absoluta verdad?

Esto no es algo simple que se deba pasar por alto. Un genuino buscador de la verdad no solo debe colocar esto como prioridad bajo nueva perspectiva personal. En realidad, esto es un absoluto requisito para cada alma. Si jamás has leído la Biblia, y tu salvación depende del conocimiento que Elohim transmite por medio del genuino contexto de su Palabra; como obra mínima de seguridad, ¿no crees que debas dedicarle tiempo a conocer las instrucciones del Sabio y Todopoderoso Creador de todo lo que existe? Y eso no es todo, añado esto; si comprendes que esto es de total importancia, ya que tales consecuencias afectarán directamente tu destino final, ¿Te piensas arriesgar a perderlo todo por optar por mejor dejar esa decisión a un juego de azar?

Innumerables almas vivientes cuelgan de ese peldaño. Jamás contemplan su desenlace y son los que viven exhortando a los buscadores de la verdad que desistan de su "aparente" error. Que audacia la de la mayoría en pedirle a los demás que abandonen su búsqueda de salvación. Basándose ellos mismos en fundamento insustancial e irónicamente, siendo ellos mismos los que no la van a alcanzar. ¿Desea usted ser influenciado por terceros cuando su salvación eterna la tiene en sus manos ante Elohim? Exhorto a ponderar eso con colosal honestidad. Considere lo próximo ahora que ha adquirido mayor reenfoque espiritual. Me tomaré, con su permiso, exhortarle un poco más directo a su persona.

¿Quieres comprender algo verdaderamente ilógico y absurdo? Pues, ¿cómo es posible que tantas personas, que *NO* leen la Biblia y que nunca se han dado a la tarea de investigar por sí mismos su contexto y como si fuera poco; ni tan siquiera de manera objetiva; no se han dedicado a descubrir su contenido primero, antes de formular sus hipótesis... ...sean los que luego vienen a decretar su conclusión de Las Escrituras? ¿Por qué crees que los que no han establecido una sincera e íntima relación con Adonai y no le conocen, resultan ser los expertos eruditos que ofrecen la seguridad de garantía del destino ajeno? Imposible un acertado resultado, ¿no cree usted? Lea al respecto entre la sabiduría que la Palabra del Altísimo nos ofrece.

"Dejadlos; son ciegos guías de ciegos; y si el ciego guiare al ciego, ambos caerán en el hoyo." (Mateo 15:14)

Exhorto al lector que tome de su tiempo y estudie las profecías de la Biblia por sí mismo. Este capítulo es relativamente corto y no profundiza sobre el tema. El estudio de las profecías bíblicas es verdaderamente muy extenso, requiere tiempo y escrutinio. Conozcan de antemano que la Biblia está compuesta de aproximadamente 750,000 palabras. Significando que el contenido profético ocupa lógicamente alrededor de 250,000 de ellas.

El estudio de la profecía bíblica es absolutamente fascinante. Es, sin lugar dudas para cualquier ser que aventure a sumergirse en su interior, el descubrimiento de un absolutamente impactante tesoro. Aunque aparentemente a primera instancia luce como escondido. Pero, nuestro maravilloso Elohé, en su gran amor e infinita misericordia, no nos deja sin poder encontrarlo. El Autor Divino en su Palabra inserta sus sabios enigmas y con sobrenatural influencia a su literal obra maestra, ejerce que viva una milagrosamente autosuficiencia. Establece que su Biblia resulte forjarse en ser su propia intérprete. ¡Asombroso! Elohim, en adición a todo eso, como obsequio, nos implanta sus llaves maestras para todo el que busca, logre alcanzar abrir sus misterios para nuestra revelación y beneficio. Cabe mencionarles que: quién NO busca, pues, NO encuentra.

Conlleva un propósito especial el incluir este capítulo basado sobre profecía. Comprendiendo cuánta de la Biblia es de carácter profético y comprendiendo ahora mejor la razón de Elohim para que fuera así; deseo poder guiarles a una de las muchas que todavía no se han cumplido. Existe una en particular que deseo señalar. En el Capítulo 2, evoqué la era de Noé. En aquel tiempo, Elohim reveló a la humanidad el acto profético que haría que llegase indudablemente en acontecer. En su infinito amor, brindando la oportunidad a tantos que no perecieran, permitió el tiempo de su gracia acontecer por un espacio de 120 años. Vean la Profecía en acción.

Como fiel pronosticado, llegó el momento de cumplir su inmutable Palabra y Elohim mismo cerró la puerta del arca. El diluvió ocurrió y solo 8 almas vivientes se salvaron y esa profecía se cumplió a cabalidad. ¿Pero que otro advenimiento se avecina para esta generación de la actualidad? ¿La del tiempo del fin?

El mensaje de los tres ángeles:

"Ví volar por en medio del cielo a otro ángel, que tenía el evangelio eterno para predicarlo a los moradores de la tierra, a toda nación, tribu, lengua y pueblo, diciendo a gran voz: Temed a Elohim, y dadle gloria, porque la hora de su juicio ha llegado; y adorad a aquel que hizo el cielo y la tierra, el mar y las fuentes de las aguas. Otro ángel le siguió, diciendo: Ha caído, ha caído Babilonia, la gran ciudad, porque ha hecho beber a todas las naciones del vino del furor de su fornicación. Y el tercer ángel los siguió, diciendo a gran voz: Si alguno adora a la bestia y a su imagen, y recibe la marca en su frente o en su mano, él también beberá del vino de la ira de Elohim, que ha sido vaciado puro en el cáliz de su ira; y será atormentado con fuego y azufre delante de los santos ángeles y del Cordero; y el humo de su tormento sube por los siglos de los siglos. Y no tienen reposo de día ni de noche los que adoran a la bestia y a su imagen, ni nadie que reciba la marca de su nombre. Aquí está la paciencia de los santos, los que guardan la Torá (Torah) de Elohim y la fe de Yeshúa." (Apocalipsis 14:6-12)

    Detente. Toma unos segundos y solo medita en todo lo que has leído y aprendido hasta el momento. Esta lectura te ha brindado la privilegiada perspectiva de poder viajar al futuro, pre vivir tu muerte y exhortado a que te ubiques en un individual acontecimiento que es exclusivamente para ti. Ahora, aunque poseas conocimiento previo sobre la Palabra de Elohim y sus profecías o no, recién cruzaste esta lectura que te explica sobre eventos futuros de Elohim que Él hará ocurrir. Aquí viene la parte difícil.

Eres la única y propia fuente de sinceridad íntima que habita en lo más profundo de tu ser. Realiza una verdadera introspección y te respondes sin mentirte. Por tal razón, no existe nadie en el mundo que te pueda responder la próxima pregunta. Solo tú eres capaz. Así que antes de contestarte...

¡PIENSA BIEN EN TU RESPUESTA!

¿PROFÉTICAMENTE; PODRÍAS ESTAR EN TOTAL EQUIVOCACIÓN EN CUANTO A TU SALVACIÓN ETERNA?

"No os engañéis; Elohim no puede ser burlado: pues todo lo que el hombre sembrare, eso también segará." (Gálatas 6:7)

Esta es una intensamente impactante declaración por parte del Todopoderoso. La Biblia dice, primeramente, que NO te engañes. Seguido por que Elohim <u>**NO PUEDE SER BURLADO.**</u> Ahora aplica eso a la profecía que señalé antes de la advertencia para detenerte y pensar bien tu respuesta. El Omnipotente, Creador y Dueño del universo, que no puede mentir, ha declarado que, para nosotros, la última generación, siendo los últimos con vida sobre la faz de la tierra y los únicos que todavía tienen el tiempo de hacer lo correcto; que hay que temerle y darle gloria y adorarle. ¿Pero por qué? Porque la hora de su juicio ha llegado. No es que posiblemente llegará. Pueda ser que algún día quizás llegue. No. Decretado de manera firme, absoluta y enfáticamente que la hora de su juicio ha… *¡LLEGADO!*

Ahora mismo **Vives Tu Vida.** Abres tus ojos, practicas tu higiene, desayunas, inicias un nuevo amanecer y realizas las rutinas que realmente definen tu destino día tras día, de sol a sol. Te conduces bajo tu libertad y realizas todas tus actividades como costumbre. Esta es la parte crucial de la costumbre y asunto de "vivir". Sabes ya que su juicio ha llegado, tu destino final se juega en este preciso momento y depende de tu lealtad, obediencia a la Torá (Instrucciones de Elohim) y el producto de tus obras. Te han avisado con tiempo para arrepentirte y cambiar tu rumbo. Consciente e inconscientemente, todo acto tiene su consecuencia, quieras creer o no, sea para bien o para mal.

"Yo YHWH, que escudriño la mente, que pruebo el corazón, para dar a cada uno según su camino, según el fruto de sus obras." (Jeremías 17:10)

Hay una perfecta razón porqué Elohim se tomó el tiempo para asegurar que la profecía fuera parte fundamental de su Palabra. **_PARA SALVARTE DE LO QUE VENDRÁ._** Deseo bendición recibas y eso NO te llegue a suceder. Ya que las profecías son específicas en tiempo futuro, advertirte a tiempo. Pero, nadie sabe cuándo perecerá. Por eso se promulga el Evangelio. El Reino de Elohim se acerca y hay que llevarles el mensaje del Evangelio eterno para predicarlo a los moradores de la tierra, a toda nación, tribu, lengua y pueblo. La razón principal del porqué sostiene este libro en sus manos.

Quiero concluir este Capítulo 4 con valiosa información adicional que le permita comprender más y mejor sobre la importancia de lo que se comparte aquí. El Apóstol Pablo urge al pueblo de Elohim a "PREDICAR LA PALABRA" usando nuestros dones. De cualquier manera, que sirva a salvar un alma para el Reino Venidero y al gozo del Padre Celestial. "Debemos predicar solamente la veraz, íntegra y sin adulterar Palabra de Adonai, no una versión pervertida o cómoda. Sin embaucar a los pecadores. Las últimas generaciones de la tierra enfrentan graves problemas debido a que no les enseñan Torá, sino interpretaciones alternas.

"Porque vendrá tiempo cuando no sufrirán la sana doctrina, sino que, teniendo comezón de oír, se amontonarán maestros conforme a sus propias concupiscencias, y apartarán de la verdad el oído y se volverán a las fábulas." (2 Timoteo 4:3-4)

Esta profecía es sumamente perturbadora. Significa que "No sufrirán la sana doctrina." No van a recibir y/o tolerar la sana doctrina que proviene de Elohim y la descubrimos en la Biblia. Es Su Palabra. Torá. ¿Por qué se enfatiza en repetirles este mensaje a la humanidad? Comprende por favor. Esta generación moderna, liberal y secuestrada por la cada vez ascendente astucia del enemigo es cada día más *INTOLERANTE* de la real y pura doctrina sana proveniente del Eterno. Por eso es que importa más que nunca predicar la Palabra de Elohim sin diluir. Torá, tal y como *ES*.

Adonai Eloheinu nos regala su profecía por dos, absolutamente claras razones: Primero, como una advertencia hacia aquellos que la tomarán veraz y se conduzcan a la apropiada corrección, Teshuvá (Arrepentirse y Volverse a Elohim). Segundo, prueba de que Elohim es siempre FIEL A SU CIMIENTO, TORÁ. Por consiguiente, Él enfatiza e insiste en demostrar siempre que Él, categóricamente *ES* su Autor y fuente de su Autoridad. Es su luz la que nos ilumina el camino correcto. El Apóstol Pedro escribió esto sobre cómo Elohim tiene la intención que la profecía ilumine nuestro entendimiento.

"Tenemos también la palabra profética más segura, a la cual hacéis bien en estar atentos como a una antorcha que alumbra en lugar oscuro..." (2 Pedro 1:19)

Pronto el mundo estará sumergido en la más densa y tenebrosa oscuridad, producto de seis mil años de pecado, maldad y quebrantamiento de sus instrucciones.

La profecía es luz irradiada sobre el verdadero sendero, que conduce al portal del obsequio del Amo Celestial de feliz vida eterna. Es un regalo de Adonai. Si te encaminas hacia las sombras, gira ahora en torno hacia Su Gloriosa Luz. Abre el corazón de par en par e invítale a Elohim llenarte de su infinito amor.

¡RECIBE SU REGALO!

CAPÍTULO 5
ELOHIM

*T*e felicito por haber llegado hasta aquí. Mi alma estalla en regocijo total por la valentía y dedicación al recorrido hasta alcanzar este capítulo. Mi genuino agradecimiento por tu regalo de tiempo invertido en esta lectura. Si pudieras ver mi rostro en este preciso instante, presenciarías mis facciones más brillantes, sonrientes y elevadas. Mis manos te obsequian el estruendo de su colisión al regalarte una ráfaga de animados aplausos. Te los mereces.

Antes de continuar con este capítulo, deseo compartir algo de suma importancia del mismo. Éste en particular es verdaderamente especial. Personalmente para mí, es el capítulo de mayor reto a mi persona. Su contenido no hará verdadera justicia al Insondable, Extraordinario, Incomparable y Entrañable Ser que intentaré en describir. Como los anteriores relatos, siendo este libro de carácter corto y preciso, nuevamente acomodo lo mejor posible todo lo que sea esencial para obsequiar una *"visión"* y especie de homenaje a quién entre mis palabras, deseo con todo mi corazón poderte presentar.

Supongamos que este libro estuviera dividido en dos especies de categorías. Considera que hasta el Capítulo 3, atravesaste la sección, por decirlo así, "fatídica". Esto es diseñado para un específico propósito. El Evangelio tiene que ser presentado con absoluta claridad y firmeza. Seriamente bajo autenticidad y total sinceridad. Las consecuencias, ya vividas en tu muerte imaginaria, son letalmente profundas y eternales. Este *"despertar"* es un acto de excelsa relevancia. Millones de almas vivientes desconocen o ignoran su desenlace y es importante esta revelación para ti en este preciso instante. ¿Sabes por qué? Porque este Asombroso Ser que conocerás mejor ahora es quién ha hecho todo lo posible para que comprendas el monumental peso del error que *"podrías"* cometer. Es quién, hasta por medio de este libro realiza un milagroso intento adicional de penetrar tu caparazón y alcanzar la corteza de tu alma para conducirla por santa senda.

Este Asombroso, Sorprendente y Ultra Maravilloso Ser es el Autor de tu rescate de toda esa consecuencia apocalíptica que gracias a la misericordia infinita que provee, sin experimentarla aún, has logrado pre-vivir en tu futuro hipotético dentro de los confines presentados dentro de este libro. Se te ha infundido sabiduría por medio de premonición. Se te ha dotado de un indispensable nuevo conocimiento que has descubierto ahora bajo excelso privilegio del Compasivo ÉL que al día de hoy; aunque esto previamente fuera desconocido para ti; eres un ser total, indescriptible y absolutamente... *¡AMADO!*

Éste Sobrenatural, Omnisciente, Omnipresente y Omnipotente Ser es: *IELOHIM!* Durante toda esta travesía, hemos hecho referencia directa a la Biblia. Elohim es el Autor.

"Toda la Escritura es inspirada por Elohim, y útil para enseñar, para redargüir, para corregir, para instruir en justicia, a fin de que el hombre de Elohim sea perfecto, enteramente preparado para toda buena obra." (2 Timoteo 3:16-17)

"Entendiendo primero esto, que ninguna profecía de la Escritura es de interpretación privada, porque nunca la profecía fue traída por voluntad humana, sino que los santos hombres de Elohim hablaron siendo inspirados por el "Ruach Hakodesh", (Espíritu Santo)." (2 Pedro 1:20-21)

Siendo establecido clara y evidentemente que Elohim es el Autor de su Palabra, inspirada por Él a los hombres, nos tenemos que preguntar todos algo de lógica y vital importancia. ¿Quién *ES* Elohim?

La Biblia, que es la Palabra de Elohim, no meramente intenta probar acerca de la existencia de Elohim, sino que, desde el principio, su Sabio y Soberano Autor asume y deja contundentemente claro la declaración autónoma de su hermética AUTORIDAD desde su apertura.

> "En el principio creó Elohim los cielos y la tierra." (Génesis 1:1)

Elohim es el Divino Creador de todo el universo en toda su magnitud y magnificencia. Elohim es el Legítimo Dueño y Gobernante de todo lo que existe. La Biblia es perfecta y no se contradice. Es la fuente veraz y confiable para escudriñarlo todo en reflejo a ella misma. Es la vara con que se mide todo en torno a nuestra existencia y su potestad es imperecedera.

> "Séquese la hierba, marchítese la flor; más la palabra del Elohé nuestro permanece para siempre." (Isaías 40:8)

La Biblia se auto revela como viviente por provenir de Elohim mismo.

> "Porque la palabra de Elohim es viva y eficaz, y más cortante que toda espada de

dos filos; y penetra hasta partir el alma y el espíritu, las coyunturas y los tuétanos, y discierne los pensamientos y las intenciones del corazón." (Hebreos 4:12)

Y Elohim es un ser de absoluto poder. Hasta su Palabra posee infalible vigor y propósito.

"Así será mi palabra que sale de mi boca; no volverá a mí vacía, sino que hará lo que yo quiero, y será prosperada en aquello para que la envié." (Isaías 55:11)

Veamos, entonces, qué dice la propia Palabra de Elohim acerca de Él mismo.

- Omnipotencia: Poder absoluto sobre todas las cosas.

"Porque nada hay imposible para Elohim." (Lucas 1:37)

"¿No has sabido, no has oído que el Elohé eterno es YHWH, el cual creó los confines de la tierra? No desfallece, ni se fatiga con cansancio, y su entendimiento no hay quien lo alcance." (Isaías 40:28)

"Y oí como la voz de una gran multitud, como el estruendo de muchas aguas, y como la voz de grandes truenos, que decía: !!Aleluya, porque el Señor nuestro Todopoderoso Elohé reina!" (Apocalipsis 19:6)

- Omnipresencia: Poder de estar presente en todo lugar.

"¿Se ocultará alguno, dice YHWH, en escondrijos que yo no lo vea? ¿No lleno yo, dice YHWH, el cielo y la tierra?" (Jeremías 23:24)

"¿A dónde me iré de tu "Ruach" (Espíritu)? ¿Y a dónde huiré de tu presencia? Si subiere a los cielos, allí estás tú; Y si en el Seol hiciere mi estrado, he aquí, allí tú estás." (Salmos 139:7-8)

- Omnisciencia: poder absoluto de saber las cosas que han sido, que son y que sucederán.

"Pues si nuestro corazón nos reprende, mayor que nuestro corazón es Elohim, y él sabe todas las cosas." (1 Juan 3:20)

"YHWH conoce los pensamientos de los hombres, Que son vanidad." (Salmos 94:11)

"¡¡Oh profundidad de las riquezas de la sabiduría y de la ciencia de Elohim! ¡¡Cuán insondables son sus juicios, e inescrutables sus caminos!" (Romanos 11:33)

Esos atributos son totalmente sorprendentes. Elohim es un Ser Absoluto y Supremo. Insondable es una intensa declaración. Ninguna mente humana, ni, aunque fuera la colectiva de todo ser viviente sobre la faz de la tierra, concentrados en la misión unísona de escudriñar y tratar de descubrir la profundidad de Elohim, sencillamente resultaría imposible. Fuerte, potente y poderoso es nuestro Creador y Soberano. Elohim comanda incondicional admiración, respeto y veneración. Sobre todo, obediencia total.

Elohim, es nuestro Soberano. Elohim, desde antes de la creación ha sido, es y será nuestro Amo y Propietario. Elohim es un ser eternal, al igual que su dominio, amor, ley y justicia.

"Antes que naciesen los montes Y formases la tierra y el mundo, Desde el siglo y hasta el siglo, tú eres Elohim." (Salmos 90:2)

"Yo soy el "Alef" y el "Tav", el principio y el fin, el primero y el último." (Apocalipsis 22:13)

Ahora, tomemos una leve pausa. Inhala profundamente. Exhala profusamente. Con mente refrescada, hagamos memoria del Ser Perfecto y Óptimo que Elohim ES y apliquemos el peso de Su realidad Celestial contra la nuestra terrenal. Por favor, exhorto que pongas todo tu esfuerzo para racionar y profundizar en lo próximo que intento conllevar. Es un fundamento cósmicamente abarcador y primordial para cada alma viviente en este planeta; que deben entender. El Planeta Tierra y nosotros, la humanidad entera desde el primer hombre hasta prontamente el último, existimos solo en un segmento en el tiempo. Elohim existía "Antes" de que todo fuera creado por ÉL.

Nuestro mundo y el hombre no conocían pecado. Todo era perfecto y en total armonía con los preceptos, justica, orden, ley y amor de Adonai. Ése era, fue y es el plan de Elohim para toda su creación desde entonces hasta la eternidad. Por desgracia, por el orgullo, vanidad, ambición y corrupción de Satanás y su rebelión, engañó a nuestros antepasados originales y el mundo que vivimos **NO ES** la realidad del Soberano. Vivimos como producto del pecado. Descendientes de un linaje teñido desde entonces. Triste y desafortunadamente, esto nos ha causado a todos un grave problema.

La severidad del pecado es tal, que por consecuencia directa del mismo existe una barrera entre Elohim y el hombre. ¿Por qué el pecado causa esa barrera? Recordemos que el pecado significa: *"Transgresión de la Torá." (Mal traducida como Ley).* ¿La Torá de Quién? La Torá (Instrucciones directas de Elohim), establecida desde la eternidad, inmutable e inquebrantable. Más adelante revelaré un enorme detalle toda alma viviente tiene que conocer acerca de la importancia y significado de eso de transgredir no la Torá, sino **_SU TORÁ._** Pero, volvamos a la línea de pensamiento por cual nos dirigíamos.

Cuando los primeros seres humanos se rebelaron contra Elohim, el pecado pasó a ser parte de la condición humana. Desde entonces, ha sido transmitido como una *enfermedad hereditaria*, de ancestro a ancestro, hasta nuestra generación actual. Es la causa de todo el mal que sufrimos como ciudadanos terrenales. Esto no es lo que Elohim creó para ti, ni para el cual fuimos creados todos. El majestuoso plan del Divino es tu incondicional e ilimitado bienestar en todo momento. Solo que por lo que Satanás causó, vivimos bajo una constitución perversa durante esta existencia. Elohim quiere devolverte a una mejor, perfecta e infinitamente abundante, próspera e inquebrantablemente feliz vida. Lea como bajo su dominio y un traslado a su divina constitución, eso va a ser posible. Eso debido a la más real, profunda, asombrosa, emocionante, enternecedora, y sublime cualidad que no solo posee nuestro Creador, sino que también es producto de ÉL. Elohim es su fuente. Elohim es... **¡AMOR!**

Pero antes de revelarte la grandeza, maravilla y admirable dulzura del incesante amor del Padre Celestial, es de suma importancia que se haga un tenaz hincapié sobre la parte de mayor envergadura sobre nuestro Soberano. Es el hecho más decisivo de la división entre nosotros y ÉL. Esta es la colosal y eminente razón en particular sobre Elohim que *TIENES* que conocer y comprender sin duda alguna.

Elohim, Adonai Eloheinu es...

Ahora bien, ¿Qué significa ser Santo? Palabra hebrea es **"Kadosh"**.

La Santidad de Elohim:

La importancia de la Santidad de Elohim. La humanidad debe ser consciente de la importancia de este atributo divino. Hay que recalcar el énfasis sobre este detalle, incluso con mayor ímpetu cuando es el propio Soberano quién lo declara.

"Porque yo soy YHWH vuestro Elohé; vosotros por tanto os santificaréis, y seréis santos, porque yo soy santo;" (Levítico 11:44)

"Y el uno al otro daba voces, diciendo: Santo, santo, santo, YHWH "Tzevaot" (De los ejércitos); toda la tierra está llena de su gloria." (Isaías 6:3)

"Exaltad a YHWH nuestro Elohé, Y postraos ante el estrado de sus pies; Él es santo." (Salmos 99:5)

Ser Kadosh/Santo es ser distinto, separado, sagrado, inviolable. Poseedor de especial y excelsa virtud. Puro. Inmaculado. En una clase superior por sí mismo. Pero el significado primario de Santo es "APARTADO". Conlleva la connotación de excelencia suma, destacado. Para términos de nuestro contenido, representa que al ser que ES SANTO, es única y exclusivamente sin rival o competencia. De insuperable supremacía. Cuando la Biblia llama a Elohim Kadosh, significa fundamentalmente que ÉL es trascendentalmente "eminente". Elohim es más allá de nosotros.

Elohim no tiene comparación alguna y es un ser total y destacadamente "Único". Adonai es diferente en su absoluta e incomparable manera especial. Elohim, ES y posee absoluta, indescriptible y totalitaria pureza moral. ¿Por qué este énfasis de su Santidad es de particular relevancia? Veamos.

Para Elohim ser Santo, significa que, para ÉL, eso aplica a todo sobre ÉL mismo. Ser Santo es en directa e inalterable relación a cada aspecto de Su existencia, naturaleza y carácter. Cuando la palabra santo denota la descripción de Elohim, esa palabra es usada como un sinónimo de su Real Deidad. Comprendamos, la palabra santo hace un llamado a la atención de *"TODO"* lo que Elohim *"ES"*. La palabra nos evoca a la certeza de que Su amor es Santo Amor, Su justicia es Santa Justicia, Su misericordia es Santa Misericordia, Su conocimiento es Santo Conocimiento, Su Espíritu es Supremo Santo Espíritu.

"Pero YHWH "Tzevaot" (De los ejércitos); será exaltado en juicio, y el Elohim Kadosh será santificado con justicia." (Isaías 5:16)

"¿Quién subirá al monte de YHWH? ¿Y quién estará en su lugar santo?" (Salmos 24:3-5)

Tan así es su santidad que en todo lugar donde Elohim se presente, tal lugar, por su Presencia es "Kadosh". En uno de los relatos más reconocidos e impresionante de las Escrituras, Moshé (Moisés), pastoreando sus ovejas llegó al Monte Horeb (Monte de Elohim), y el Ángel de YHWH se le presentó de una manera indescriptible.

"Y se le apareció el Ángel de YHWH en una llama de fuego en medio de una zarza; y él miró, y vio que la zarza ardía en fuego, y la zarza no se consumía." (Éxodo 3:2)

Bajo incredulidad y asombro, Moisés, impresionado por tal evento, se pensó a sí mismo bajo curiosidad, irse a investigar por qué la zarza no se consumía por las llamas, y entonces, sobre su Presencia en aquel lugar, pronuncia Elohim...

"No te acerques; quita tu calzado de tus pies, porque el lugar en que tú estás, tierra santa es." (Éxodo 3:5)

La santidad de Elohim es asunto improfanablemente grave y serio. Es para las almas vivientes su más importante asunto. Hagamos un fugaz retroceso y remontémonos al segmento que aludí volveríamos apenas varios pasos atrás. ¿Recuerdas que la severidad del pecado es tal, que por consecuencia directa del mismo existe una barrera entre Elohim y el hombre? Enfoca nuevamente en que el significado del pecado es: *"Transgresión de Su Torá."* ¿La Torá de Quién? La Torá de YHWH, establecida desde la eternidad, inalterable e inquebrantable. Ah, ok. Claro que lo recuerdas. Muy bien. Te lo agradezco. Fíjate muy, muy, pero que muy bien en la clave de esto: La Torá de YHWH es Santa como Él mismo ES. Ah, ¿ahora comprendes el peso de su importancia? He ahí la gravedad significativa de transgredir Sus Instrucciones, o sea La Torá. Cometer pecado no es una mera infracción.

Pecado no es simplemente una palabra cualquiera. Pequé, uuupss. Ay perdón, una palmadita y resuelto y sigue como si nada. Pecado no es una infracción de ley (ordenanza) humana, o de tránsito. No se trata de cruzar un semáforo mientras en luz roja y recibir un boleto por parte de un Oficial de la Policía. Es un propósito serio como ninguno. Así que, nuevamente, hagamos un alto aquí y ahora. Quiero poder revelarte la verdad y severidad real del asunto. Ya "VIVISTE TU MUERTE". Recuerda cada detalle de tu horrendo deceso por no haberte salvado y ahora descubre el por qué.

"Porque cualquiera que guardare toda la Torá, pero ofendiere en un punto, se hace culpable de todos. Porque el que dijo: No cometerás adulterio, también ha dicho: No matarás. Ahora bien, si no cometes adulterio, pero matas, ya te has hecho transgresor de la Torá." (Santiago 2:10-11)

Elohim estableció para toda la humanidad, Diez Mandamientos Primarios. Parte de Su Torá, resumidos en ellos. Recordamos que esto significa que es Torá Kadosh. ¿Por qué es Santa? Porque Elohim instituyó su Instrucción, Santa y Eterna como ÉL mismo ES. La raza humana, los que no conocen a Elohim, no se dedican a estudiar su Palabra, y viven ignorando todas estas realidades dentro de sus individuales universos, irónicamente; no adquieren nunca ni el conocimiento básico para poder ser salvos. Aunque creas que haces todo correcto ante el Santo Creador, la Biblia es clara y expone que todos los seres humanos son pecadores. No declara algunos, o varios, sino íntegra y exacta afirma que... ¡TODOS!

"Ya que por las obras de la Torá ningún ser humano será justificado delante de él; porque por medio de la Torá es el conocimiento del pecado." (Romanos 3:20)

El gran propósito de la Torá es señalarte el bien del mal. Discrepar de lo **Santo** y lo **Profano**. Lo que es conducta moral correcta en contra del pecado, en directo reflejo a la Santidad de Elohim. El que millares de millones de seres humanos ni siquiera creen cometen, y cuántos más a sabiendas hacen caso omiso por no conocer al Elohé que, día tras día, descaradamente le fallan. Entendamos algo sobre la naturaleza humana, incluyendo *la tuya*:

"Por cuanto los designios de la carne son enemistad contra Elohim; porque no se sujetan a la Torá de Elohim, ni tampoco pueden;" (Romanos 8:7)

"Engañoso es el corazón más que todas las cosas, y perverso; ¿quién lo conocerá?" (Jeremías 17:9)

Esta es una descripción gráfica de la tendencia natural de la mente carnal trabajando dentro de ti. Quiere desafiar la instrucción de Elohim para luego hacerse creer bajo engaño propio que no ha incurrido en violación. Este tira-y-hala natural en contra de Elohim, enganchado a la constante tendencia de auto mentira es la razón del porqué todos hemos pecado. Elohim, simplemente nombra estas violaciones contundentemente como lo que son, *¡Pecado!*

Atiende bien, Elohim ODIA el pecado. Él mismo dice que nos separa de Él. Comprende lo abominable de estos actos. Lo horrendo de fallarle a nuestro Padre Celestial es que el pecado es nada más y nada menos que...

Espero ahora lo comprendas a perfección. Cada pecado que cometas, consciente o inconscientemente es pecado directo y abominable contra...

¡ELOHIM!

La irreverencia es peligrosa. Aun siendo nuestros motivos totalmente sinceros y estemos activamente envueltos en nuestra adoración a Él, debemos existir constantemente conscientes de la santidad del Altísimo. Hay que mantener una reverencia a Él manifestada en nuestra obediencia a Sus instrucciones (Torá), mandamientos y preceptos. La santidad de Elohim es la base y la cautivadora necesidad para nuestra propia y exponencial santificación. La santidad de Elohim es la razón porque todos hemos sido ordenados a vivir vidas santas. Lo opuesto al pecado. Transgredir, violar Sus Instrucciones. Lo que pide, exige, reclama de ti.

Ahora comprendes la severidad de la conducta del mundo a nuestro alrededor. Porqué hay tanta discordia, caos y desamor. Cada día monumentalmente la humanidad se sigue apartando del sendero de santidad, de lo correcto, y por consiguiente del Creador por completo. Por tal razón y con vehemencia se hace el clamor a cada alma viviente a comprender la magnitud de esta realidad.

La convicción individual del pecado personal es la honrada, veraz, sincera y severa percatación de la santidad de Elohim. Esto viene acompañado por un sensible y agudizado estado de arrepentimiento. Sin ello, ningún ser humano se tornará progresivamente consciente de la profundidad de sus pecados y la desesperante y exponencial necesidad del perdón del Eterno Padre, que ha sido transgredido. Herido en su corazón. Porque, dice la Palabra que, sin santidad, no entraremos en el Reino Venidero. Estas son impactantes declaraciones y aún más chocantes los resultados de nuestras indiferencias e ignorancias a estas abismales realidades celestiales y consecuencias perpetuas.

Pero, ahora descubrirás algo más allá de lo imposible. La verdadera maravilla de nuestro Gran Señor. La faceta suprema del Elohé Viviente, Eterno Soberano e infinito Autor de la Creación. Has comprendido la importancia de la santidad de Dios. Ahora, entra en el regocijo de su Realeza, la fuente de Su carácter y corteza. Todo lo anterior que has aprendido tenía su función. Era necesario que comprendieras todo lo previo para poder llegar a esta revelación. El más increíble tesoro que toda alma pueda descubrir es el corazón benigno de Elohim. En la Palabra de Adonai, lo que verdaderamente encontramos más que nada es la abrumadora emoción que Dios aloja y emite para sus hijos. Dios nos considera suyos y toda esta experiencia que recorres en este instante es para demostrarte el incomparable...

AMOR
DE ELOHIM

¿Un Omnisciente, Omnipresente y Omnipotente y AMOROSO Padre? **¡Sí!** Todo lo que has vivido ha sido para revelarte cuán GRAAAAAAAAAAAAAAANDEEEEEEE es el amor de Elohim por todos y cada uno de nosotros. *Esto te incluye a ti*. Pero, ¿qué tal si conocemos como se llama nuestro Gran Padre Celestial?

La Biblia es un gran cofre de tesoros escondidos. Hay muchos misterios que Elohim en su infinita sabiduría nos dejó en su interior que indiscriminada, abierta e incondicionalmente nos invita a todos poder descubrir. La Biblia es un libro maravilloso y de igual manera muy extenso. Ligeramente cubriremos solo un puñado de gran interés e importancia. Uno de sus misterios está basado en el Nombre de Elohim, bueno, principalmente en la pronunciación de su Nombre. Veamos.

El nombre más importante de *ELOHIM* según dadas en las Escrituras ancestrales históricas de la antigüedad, es el que lleva las cuatro letras o lo que es conocido por el Tetragrámaton, compuesto de las siguientes consonantes: YHVH. En origen hebreo, Yod-Heh-Vav-Heh. Este nombre es sólo la pronunciación de las cuatro consonantes, sin las vocales correspondientes. Aunque, existe una peculiaridad acerca de la pronunciación, que causa que suenen como vocales hechas viento. Lo explico más adelante. El nombre de YHWH era considerado tan sagrado que se prohibía mencionarlo por represalia de muerte, por lo que los maestros y custodios de los registros, al toparse en alguna de las escrituras donde apareciera YHVH, lo sustituían por *"ADONAI"* que quiere decir, *SEÑOR*, como ya culturalmente conocemos el presente. "Elohim" es lo que el mundo llama Dios.

Como medida para poder pronunciar el nombre de Elohim públicamente, le fueron añadidas las vocales, extraídas del mismo Tetragrámaton hebreo *"A"*, *"E"* & *"O"*. La gran mayoría de investigadores, lingüistas y eruditos de la Biblia creen, aunque no pueden aseverar con exactitud el equivalente más apropiado, so, por uso práctico, adjudicaron sería YAHWEH, en español, YAVÉ. Hay muchas teorías y especulaciones, pero **NINGUNA ES APRECIADA COMO CONCLUYENTE.** Dado a que la pronunciación correcta, en un periodo del tiempo, desafortunadamente desapareció de la historia, **REALMENTE HEREDAMOS EL MISTERIO DE SU PRONUNCIACIÓN CORRECTA HASTA NUESTROS DÍAS.** Existe un estudio que revela que ciertos eruditos entendían que se pronunciaba sin que la lengua jamás tocara el paladar de la boca, creando un efecto de respiro emitido por las vocales. Rindiendo un atributo increíble al Nombre del Altísimo: el Hálito de Vida. ¿Asombroso, no cree?

Aunque yo, a nivel personal, prefiero llamarle por el dialecto que resulte más cercano a originales raíces hebraicas, mi preferencia recae en Yahweh. Pero tomen tal detalle solo informativo e individual de mi parte. Continuamos. Al emplearse la fluidez de las vocales para poder lograr las traducciones en los diferentes idiomas del mundo, ya que es casi imposible lograr traducciones literales, pues se recurrió a la práctica de la transliteración, que simplemente es adaptar como se escucha al ser pronunciado verbalmente. El más conocido, común y actualmente utilizado en traducciones contemporáneas es *"Jehová"*. Recalco que eso como el producto de una transliteración del idioma ancestral al moderno. El cual utilizaremos durante el resto de nuestro recorrido, en búsqueda de cercanía al original, será hebreo "Yahweh", Elohim.

¿Cómo se identifica YHWH sobre Sí mismo según la Biblia? Esa fue la misma pregunta que Moisés le hace al Creador durante su encuentro frente a la zarza ardiente que no se consumía en el Monte Horeb.

"Dijo Moisés a Elohim: He aquí que llego yo a los hijos de Israel, y les digo: El Elohé de vuestros padres me ha enviado a vosotros. Si ellos me preguntaren: ¿Cuál es su nombre?, ¿qué les responderé? Y respondió Elohim a Moisés: YO

SOY EL QUE SOY. Y dijo: Así dirás a los hijos de Israel: YO SOY me envió a vosotros." (Éxodo 3:13-14)

Analicemos la significancia de esa auto denominación de YHWH. En la antigüedad, se le otorgaban nombres a los seres según una definición que describía la persona, carácter o atributo especial. Elohim nuevamente deja claro su Autoridad y Omnipotencia: ¡YO SOY! Yahweh se revela y afirma con convicción que, desde la eternidad, ahora y siempre, ¡ÈL ES!

¿Qué significa la palabra Elohim? La palabra *"Eloah"* proviene de la palabra hebrea *"El"*. Para nuestro conocimiento colectivo, *"Eloah"*, es la traducción al español de *"Dios"*. *"Eloah"* es un sustantivo con atributo de forma plural, que normalmente se utiliza por igual en singular. Por ello, Elohim. ¿Confunde un poco no? Pero, permítame aclarar este detalle con un buen ejemplo que le ayudará a comprenderlo a perfección. Para nuestra comparación, usaremos la palabra *"Espejuelos"*.

Usted entra a una tienda de espejuelos. Adentro, un cortés y sonriente empleado le muestra la gran variedad de espejuelos que tienen a la venta. Usted, ve uno que le agrada y le pide que le permita ver los espejuelos que desea adquirir. Note lo siguiente sobre la palabra *"Espejuelos"*. El empleado le trae a su mano solo un par de *"Espejuelos"*, sustantivo en forma plural que es o ejerce su función de igual forma de manera singular. El empleado no recogió todos los espejuelos dentro de la tienda. Únicamente le demostró la singular unidad de su predilección. Considere a Elohim de igual manera. Elohim es un título plural de carácter de singularidad unicidad.

¿Por qué esto es importante revelar? Sencillamente por si no lo sabías, Elohim no es meramente una palabra, es de igual manera un título. El alfabeto hebreo consiste en que cada letra está compuesta de 3 partes identificadoras. Posee la esencia de 3 valores. Primero es el literal. Seguido por el numérico. El tercero y último es el pictográfico. Lo resumo así, Letra/Número/Imagen representativa. Por eso, su nombre representa también un Título. El título de su Deidad, la Divinidad, esencia y características del Elohim de Israel. Pero hay algo más de particular relevancia, interés, intención e importancia. Ya comenzamos a revelar un poco de la gran significancia del amor de Adonai, ya que Elohim (plural), es una amorosa Familia Divina, de la cual, somos parte. Elohim mismo nos lo revela como descrito a continuación.

"Entonces dijo Elohim: Hagamos al hombre a nuestra imagen, conforme a nuestra semejanza; y señoree en los peces del mar, en las aves de los cielos, en las bestias, en toda la tierra, y en todo animal que se arrastra sobre la tierra." (Génesis 1:26)

Cuando Adán y Eva cometieron el atroz acto de desobediencia al Creador, Elohim exclamó:

"Y dijo YHWH Elohé: He aquí el hombre es como uno de nosotros, sabiendo el bien y el mal; ahora, pues, que no alargue su mano, y tome también del árbol de la vida, y coma, y viva para siempre." (Génesis 3:22)

Entonces, por su pecado, fueron destituidos y desterrados del jardín del edén.

"Y lo sacó YHWH del huerto del Edén, para que labrase la tierra de que fue tomado. Echó, pues, fuera al hombre, y puso al oriente del huerto de Edén querubines, y una espada encendida que se revolvía por todos lados, para guardar el camino del árbol de la vida." (Génesis 3:23-24)

El fundamento de Elohim es puro amor. Fue el hombre quién desobedeció. Elohim es unicidad. Fuimos creados para formar parte íntegra de una familia y nuestro propósito de estar siempre con ÉL, en armonía y perfecto amor. Verás ahora el infinito amor de nuestro Creador y Padre Celestial. Tan pronto sus hijos amados caen, entra en vigor su misericordia y bondad.

"Y YHWH Elohé hizo al hombre y a su mujer túnicas de pieles y los vistió." (Génesis 3:23-24)

Adonai, inmediatamente suplió la necesidad inmediata de su amada familia y los cubrió con pieles para vestirlos, ya que ahora reconocían su propia desnudez, y por consecuencia, ahora también el peso de su vergüenza. Elohim es amor.

"Y nosotros hemos conocido y creído el amor que Elohim tiene para con nosotros. Elohim es amor; y el que permanece en amor, permanece en Elohim, y Elohim en él." (1 Juan 4:16)

¿Qué es el amor? Monumental pregunta esa, ¿verdad? Acertar esa definición podría consumir una serie de volúmenes enciclopédicos para poder explicar algo tan increíblemente poderoso, amplio, emotivo y profundo.

Irónicamente tan extraordinariamente difícil de explicar de manera sencilla. Pero comparto el ingenio de una explicación que espero y sinceramente deseo haga justicia a la interrogante para simultáneamente poder cumplir con el contenido de este recorrido literario. Así que; ¿Cómo es por lo general definido el amor? Aquí vamos.

El amor es un concepto universal relativo a la afinidad, definido de diversas formas interpretado como un sentimiento relacionado con el afecto y el apego, y resultante y productor de una serie de actitudes, emociones y experiencias. Virtud que representa todo el afecto, la bondad, la compasión y empatía capaz entre seres de cualquier especie.

El amor es el nexo originado de un sentimiento indescriptible de obsequiar, extender y compartir esas esencias en conjunto hacia lo familiar, platónico en profunda devoción o unidad lo que trasciende del *sentimiento original* de un ser, transformado en la manifestación de su máxima expresión de su *estado* del alma y esencia hacia sí mismo, su exterior u otros seres.

Las emociones asociadas al amor pueden ser extremadamente poderosas, llegando con frecuencia a ser irresistibles. El amor en sus diversas formas actúa como importante facilitador de las relaciones interpersonales. El nexo forjado es uno de los vehículos de transmisión del sublime instinto de proporcionar externamente el compuesto más hermoso del interior particular de cada ser, extendido sin limitación a los confines de la creación.

El amor no sólo está circunscrito al género humano, sino también en directa relación a nuestro Divino Creador Padre, su fuente y Supremo Modelo. El amor de Elohim y el amor a Elohim componen el más excelso tejido de su tapiz universal, espiritual y emocional.

Acerca de Elohim, el amor es el fundamento primordial, eterno y central de su carácter, constitución y gobierno imperecedero.

En la Biblia, su Autor nos presenta su definición de amor:

"El amor es sufrido, es benigno; el amor no tiene envidia, el amor no es jactancioso, no se envanece; no hace nada indebido, no busca lo suyo, no se irrita, no guarda rencor; no se goza de la injusticia, más se goza de la verdad. Todo lo sufre, todo lo cree, todo lo espera, todo lo soporta." (1 Corintios 13:4-7)

Da un retroceso y revisita esta importante revelación en la Biblia acerca de ti. Fíjate y profundiza bien. "Entonces dijo Elohim: Hagamos al hombre a nuestra imagen, conforme a nuestra semejanza." Profundiza aún más, "Elohim es una Unicidad Familiar". Ahora, agrega a la ecuación que "Elohim es amor." En lo hebreo, se combina todo en un significado. ¿Quiérase decir que Elohim, nos revela todo esto para que sigamos desinformados, entumecidos y perdidos a la gran verdad de lo que somos? ¡**NO**! Fuimos creados con el propósito de ser linaje escogido de Elohim.

Pero que ultra asombroso, maravilloso e increíblemente profundo amoroso Padre tenemos todos nosotros en Yahweh. Que magnánimo privilegio, noble, real e ilustre casta somos todos y cada uno de nosotros y menospreciamos tal inmerecido regalo. La concesión que YHWH nos hace es inconcebible. Quienquiera que seas. Quienquiera que te creas. Comoquiera te sientas o hagas sentir. Hasta que no logres desprenderte de tu propio entendimiento y no penetres la magnificencia de la asombrosa, regia, extraordinaria y solemne dádiva que cariñosamente y voluntariamente YHWH te está entregando, jamás abarcarás cuan cósmico significado implica su amor para ti.

YHWH es todo y tanto más de lo que escasamente he intentado definir y revelar aquí. Si nunca te habías entregado a la encomienda de averiguar quién era Elohim antes. Cómo es su forma de ser. Su carácter. Su razón al dejarnos su Palabra. El porqué de suplicarte tanto que lo busques, lo escuches, le obedezcas y le confíes todo, este momento es nuevamente Adonai alcanzándote. Usa estas palabras, las que estás leyendo en este preciso instante, gracias a su constante misericordia ya que las utiliza para tocarte tu interior y tu conciencia.

Para que abandones por un instante tu "YO", y decidas, si acaso por primera, pueda que la única, o hasta peor todavía, resulte ser este intento de su parte la última vez para ti en donde te sea regalada la oportunidad en dejarlo entrar en tu corazón y salvar tu alma eternamente. Todo esto Él lo hace por su colosal amor que tiene para *TI*. ¡Ay, pero que admirable es nuestro inmenso Elohé! Gloría a YHWH por siempre. *¡AleluYAH!*

Eres su familia. Con infinito amor existe intentando que no vivas la muerte que apenas en blanco y negro ya atravesaste y resultó ser total desgracia y vergüenza total. Tu destino es llegar a sus brazos abiertos de bondad, abandonar el sufrimiento, tristeza y afanes de este mundo teñido por la maldad del pecado que, por la deshonra del maligno, entró al mundo. ¿Sabes por qué Él se esfuerza tanto en salvarte y demostrarte su amor? Porque eres un ser absolutamente libre, y su amor es tan real e incondicional, que eso lo **respeta inquebrantablemente**. YHWH es Íntegro. Incorruptible Galante de nobleza pura. Te valora y trata con dignidad y a pesar de que puedes elegir tu perdición eterna, Él no puede interferir en tu libertad. Sería contradecirse. Ese libre albedrío que posees es un regalo suyo, y es una ley universal sobre lo que todo queda fundamentado. El amor, no es forzado, ni obligado, porque el amor es totalmente libre. Su máximo anhelo es que libremente, lo ames a Él por igual y puedas heredar todas las riquezas y honra del Reino que se aproxima.

Si, tratar de proporcionar la definición de amor es una tarea descomunal. Imagina cuan asombrosa audacia conllevo haciendo un microscópico intento en poder describir el inmensurable e incomparable amor de YHWH. Explicar el infinito amor de Elohim sería tan extenso que resultaría interminable documentarlo.

Siendo considerado, y lo mejor que me sea posible, resumiré próximamente notables características y atributos de Elohim extraídos del interior de la Biblia para tu conocimiento. Luego de ese segmento, compartiré un relato basado en hechos reales que personalmente tocó mi corazón. Lo he adaptado a mis palabras para el beneficio de todo ojo que se deslice sobre estas páginas, ya que, con mucho amor, yo he donado de mi tiempo para dedicarlo a ustedes. Esta escritura existe con el propósito de poder servirle a otras almas poder recibir lo que yo mismo, gracias a la bondad de YHWH, he recibido de su amor. Para que puedas hacer igual con otros.

¿Cómo es Elohim, Su Naturaleza, Carácter, Cualidades y Atributos?

La Biblia, a todo el que la estudie, le revelará las innumerables cualidades de Elohim. Sus atributos son cosas, detalles, revelaciones que lo describen a ÉL tal y como ES.

Él es Honesto. Todo lo que Él dice acerca de Él o de nosotros, es información confiable. Más verdadero que nuestros sentimientos, pensamientos o percepciones, Elohim es totalmente preciso y recto en lo que dice.

Elohim es Espíritu, por naturaleza Intangible e Invisible. Elohim es Infinito. Elohim es Inmutable. Elohim es Justo. Elohim es Amoroso. Elohim es Veraz. Elohim es Compasivo. Elohim es Misericordioso. Elohim es Sabio. Elohim es Fiel. Elohim es Auto Suficiente. Elohim es Eterno. Elohim es Santo. Elohim es sencillamente; Perfecto. Estos atributos trabajan todos en una completa y perfecta armonía entre ellos.

¿Cómo se relaciona Elohim con nosotros?

Elohim es definido como un ser Supremo personal. Por favor capta ese ultra asombroso detalle. ¿No es fantástico que todo lo asombroso y expansivo que hemos conocido acerca de Adonai asombre al alcanzar entender Él se revela a nosotros como un Elohé *PERSONAL?* YHWH en todo momento nos señala que Él es nuestro Elohé.

"Y os tomaré por mi pueblo y seré vuestro Elohé; y vosotros sabréis que yo soy YHWH vuestro Elohé, que os sacó de debajo de las tareas pesadas de Egipto." (Éxodo 6:7-9)

"Y andaré entre vosotros, y yo seré vuestro Elohé, y vosotros seréis mi pueblo." (Levítico 26:12)

Elohim puede instrumentalizar a personas escogidas para realizar su obra ya que Adonai posee inteligencia. El ser humano puede hablar y comunicarse directamente con Adonai, (Por la reconciliación lograda por Yeshúa), mediante la oración, puede recibir revelaciones personales, sabiduría e inteligencia adicional para entender los misterios del Eterno. Elohim, además, se comunicaba directamente con los humanos por medio de las revelaciones a sus consagrados y fieles profetas de su verdad. Luego lo hizo por medio de su Unigénito Hijo y su Testimonio impecable. Elohim se encuentra constantemente involucrado en todo lo que ocurre en nuestro plano terrenal. Al ser el Elohé de amor, se preocupa por ti y existe en continuamente en revelación de sus deseos en combinación de la búsqueda de todos sus hijos. YHWH realiza esta incesante obra porque tiene un propósito.

La obra de Elohim es dar a los seres humanos el regalo de la salvación y la vida eterna por medio de su Hijo, Yeshúa, al que gustosamente te presentaré en el siguiente y final capítulo de este recorrido. Este acto sublime de salvación es una extensión de su infinita misericordia e inmortal amor. Ya que has conocido y profundizado tanto acerca de Elohim, descubre otro nuevo plano acerca de Él. No olvides que nos encontramos resaltando una maravillosa cualidad del Padre, su amor. Esta revelación es de crucial y poderosa importancia. Por favor, nuevamente hago un hincapié en este detalle, uno infla de grandiosa emotividad una vez comprendido. YHWH, Elohim... **¡SIENTE!**

Todo ser humano comprende lo que es poseer emociones. Todos sentimos una gama de cambios emocionales durante el transcurso de nuestras vidas. Desde infantes emociones y sentimiento. Para que un recién nacido inicie sus funciones pulmonares, el médico le administra una palmadita, activando los receptores que viajan como impulsos eléctricos al cerebro, que interpreta las señales y por primera vez en la vida de esa novel criatura, siente dolor. Esa primera lección de *"Hola bebé, bienvenido al mundo"*, *"Tienes que respirar así que"*, es inmediata seguida por el *"PLAP"* de la palmada y lo que nos enseña desde emerger del vientre es *"llorar"*.

Elohim puede expresar emociones como alegría, cólera o tristeza. Elohim siente de manera autónoma y revela al igual que comparte sus sentimientos. Si tú, como ser humano, comprendes lo que es sentir, llorar, reír, emocionarte, enfadarte, desilusionarte, regocijarte, sobrenaturalmente mayor siente Adonai en su interior. Analiza el horror del pecado. Analiza ahora la angustia del Elohé de amor, sintiendo por ti al hacer lo correcto y llenarlo de felicidad. Ahora siente empatía, penetra el corazón de Elohim y siente lo que Él cuando ya que conoces lo que es pecarle, transgredir su Torá y sus profetas, desobedecerle una y otra y otra vez y lo que Elohim siente es dolor, angustia, tristeza, sufrimiento, llanto y hasta ira. porque sin importar todo eso... **TE SIGUE AMANDO**. Insistiéndote y brindándote incesantes maneras de tornarte a Él, arrepentirte del daño causado, recibir su perdón y salvación eterna.

YHWH Elohim simplemente y de manera incondicional; **TE AMA**. Existe una razón sobre el por qué se le llama "Padre". En la Biblia, la palabra "Abba" conlleva referirse a Elohim en esta representación de su sentir total hacia nosotros. Expresa un énfasis a la Persona ejerce como El Padre y desea le comprendas. Aquí hay algunos versículos que demuestran eso:

"Un Elohé y Padre de todos, el cual es sobre todos, y por todos, y en todos." (Efesios 4:6)

"Y no llaméis padre vuestro a nadie en la tierra; porque uno es vuestro Padre, el que está en los cielos." (Mateo 23:9)

"¿No tenemos todos un mismo padre? ¿No nos ha creado un mismo Elohé? ¿Por qué, pues, nos portamos deslealmente el

uno contra el otro, profanando el pacto de nuestros padres?" (Malaquías 2:10)

Un Padre Celestial que nos ama, y se encuentra ahora mismo deseando rescatarte del mundo que ha colapsado sobre ti, y extiende su alcance entre los escombros del pecado.

Deseo poderles lograr visualizar el amor de YHWH sobre nosotros, sus hijos. Antes de concluir este Capítulo 5, a continuación, inserto una analogía especial. Deseo que ayude a comprender mejor todo el amor de Elohim, basado en este relato. La narración está basada en hechos verídicos, pero, por motivos de adaptarlo al mensaje que en este libro deseo conllevar, he tomado la libertad de reemplazar ciertos detalles, localidad y nombres de los protagonistas originales. Tales circunstancias no forjan la importancia del relato, la moraleja sí. La crónica es fiel al suceso histórico y agradezco que, a la siguiente lectura, le sea permitida penetrar a tu corazón. Es mi genuina aportación para cada uno de ustedes, con amor del Padre y mi propio amor.

ANALOGÍA
~~~El Amor de un Padre~~~

Esto sucedió en un lugar del planeta durante un gran terremoto:

Todos lo sintieron...un momento de silencio...repentinamente un ruido bajo la tierra dio la alerta y todo comenzó a sacudirse. Un potente zumbido sirvió de advertencia que inmediato engendró el pánico. Edificios fueron mecidos de un lado a otro y cayeron como casa de barajas. En un santiamén fallecieron más de veinticinco mil personas por consecuencia de un sismo de 7.2 grados de magnitud. El saldo final de afectados en esa región ascendió a los quinientos mil desamparados y sin hogar.

Un buen padre recién había dejado en la escuela a su joven hijito de ocho años en esa fatídica mañana. Acabado el temblor, con ansiedad y frenesí se apresuró hacia el plantel escolar. No podía sacudirse el pensar de la promesa que le había hecho muchas veces a su pequeño amado:

"No importa lo que suceda, Hijo mío, yo siempre estaré allí para ti."

Cuando llegó a la escuela de su hijo, vio solamente un montón de escombros. Sus ojos se tornaron en una instantánea piscina de líquido. La escena era espantosa. Frente a su vista, se encontraba un cerro de piedras, ladrillos y madera hasta la esquina donde estaba el aula de su hijo. Toda esa sección de la estructura desafortunadamente había colapsado.

Con solamente sus manos empezó a excavar. Estaba en un estado exasperado y por la emergencia, no trajo herramienta alguna de su casa. Algunas personas lo observaron tristemente. Alguien le dijo, "Olvídalo. Todos están muertos de seguro." El papá les dijo,

"Pueden criticar o pueden ayudarme, pero no se interpongan en mi búsqueda."

Algunos lo ayudaron, pero después de un rato sus cuerpos se dolían. El hombre no podía dejar de pensar en su hijo y siguió excavando, por horas y horas.

Las primeras doce horas... rasgó sus cuerdas vocales mientras incesantemente se dedicó a gritar a su hijo, pero no recibía respuesta. Gritó y gritó, pero, nada. La luz solar abandonó el lugar y durante la oscuridad, el padre no desistió de remover todo a su paso. Veinticuatro horas transcurrieron.

Exclamaba vigorosamente con las fuerzas de garganta lograba extraer a ver si su hijo escuchaba y emitía alguna señal de vida. Pero, gritaba nuevamente y nuevamente el mismo resultado; nada. Pero el padre no cesaba. Excavaba con manos ensangrentadas y atacado por el agotamiento físico y mental, pero no desistía. A su alrededor, habitantes del lugar observaban con asombro e incredulidad la sorprendente tenacidad que poseía este hombre y se preguntaban entre sí de dónde extraería las fuerzas para continuar.

Pasaron las treinta y seis horas y nuevamente gritaba por su hijo, ya casi inaudible porque sus cuerdas vocales se encontraban en horrenda descomposición. Gritaba, llamaba y nada. Todo parecía imposible. Los rescatadores a su alrededor le decían, "es inútil, desiste y regresa a descansar a tu hogar." Pero el padre, movido solamente por el poder de su amor por su hijo siguió removiendo escombros con sus magulladas manos. Finalmente, en la hora 38 escuchó una voz tenue a la distancia de alguien irreconocible.

Una esperanza. Instantáneamente se armó de renovadas energías, y tomó un pedazo de madera y la usó para apalancar unas piedras grandes y poder lograr una abertura. Se detiene, aspira agigantadamente todo el aire posible y a todo pulmón lanzó un imponente grito del nombre de su preciado tesoro de vida.

"Hijoooooooooooooooooooooooooooooooooo ooooooooooooo."

Desde la oscuridad una voz temblando respondió,

"¿Papá?"

El corazón del padre saltó un latido por la emoción. Su debilucho cuerpo comenzó a temblar, aspiró nuevamente para poder gritar otra vez, cuando de repente, otras voces débiles alzaron su alegría y se escucharon emanar un estallido de algarabía desde la profundidad de los escombros. Los paseantes, se congelaron en sus actos y se unieron al regocijo y todo el lugar se llenó de gritos.

En medio de tan terrible tragedia, ahora había una inundación de inmensa alegría. Todos los presentes se activaron y con diligencia removían sin cesar los monolitos de escombros que aun bloqueaban el paso. Hasta el padre remueve con la ayuda de varios voluntarios una gran piedra que permitió una nueva apertura y divisaron movimiento en el interior de esa cavidad.

Habían logrado alcanzar una beta que dirigía directo al antiguo salón de clases donde catorce de los 33 alumnos de ese salón habían sobrevivido al encuentro sísmico. Todos los jovencitos se encontraban vivos y en buen estado. Salvo algo de hambre y deshidratación, los polvorientos cuerpecitos comenzaron a hacer al exterior su aparición. Uno por uno salía, pero no emergía su pequeño. Salieron todos al final y el ya devastado padre se desplomaba por su desesperanza. Se pensó a sí mismo,

"Mi pobre hijo no lo logró."

A su alrededor, los emotivos reencuentros de familiares con su prole sobreviviente se enfrascaban en abrazos, besos y llantos de júbilo. El papá sintió un penetrante escalofrío en su alma y un punzante dolor en su corazón. Sus esfuerzos habían sido en vano. Su incansable lucha, infructífera. Su cuerpo ya no resistía más y sus rodillas se derribaron por sí mismas. Sus brazos decayeron y su cabeza sucumbió al poder de la gravedad. El restante líquido en las reservas de su cuerpo comenzó a escaparse por sus ojos. Su más preciado y amado tesoro, se había desvanecido de la existencia. El padre cerró sus ojos y se adentró en su dolor.

"¿Por qué lloras papá?"

El timbre de esa peculiar, dulce e inconfundible voz revive las funciones vitales del padre, quién abre sus agotados ojos y entre el resplandor de iluminación solar, ve la silueta de su amado hijo, parado frente a él. El padre estalla en un inmediato abrazo y una ráfaga de besos. Su hijo perdido, ahora lo ha reencontrado y desborda sobre él todo su amor y alegría.

"Te amo hijo mío. Te amo más que nada. Te amo con todo mi corazón."

Padre e Hijo, ahora en gloriosa celebración de vida se voltean a la multitud presente y el hijo se dirige al resto de los alumnos compañeros sobrevivientes y a sus familias y les dijo,

"Ven, les dije que mi papá nunca me olvidaría."

Nosotros necesitamos la misma fe que poseía el niño, porque de tal manera su padre derramó todo su amor, entregó todo su ser e hizo todo por su rescate, los humanos tenemos el mismo tipo de Padre, pero Celestial. Porque no es tanto el hombre que busca a Elohim sino Elohim que busca al hombre, por su amor en infinitamente querer rescatarlo de las garras del destino que el pecado le ha tejido.

Esa analogía describe la realidad de nuestro mundo. La entrada del pecado causó una ruptura en el destino de la raza humana y el estruendoso terremoto produjo una grieta que nos separó de nuestro Creador. Los escombros nos mantienen aprisionados por su enorme peso y nos encontramos en un paradójico entrampamiento. No existe salida a nuestro alrededor. Por nuestros propios medios, no poseemos escapatoria alguna y todo intento resultará infructíferamente nulo. Nuestro deceso es inminente. La situación es alarmante y el conteo regresivo a la detonación de esa bomba nuclear espiritual, hoy, se encuentra a punto de funestamente culminar.

YHWH, nuestro Padre Todopoderoso y lleno de misericordia para con nosotros, aplica todo su amor a la obra de su gran misión. El extiende ese amor incondicional para dar a los seres humanos el regalo de la salvación y la vida eterna mediante su redención total. Su compromiso es rescatarte de tu sombría realidad y sacarte de esos escombros hacia Su Luz, ingresarte a su familia y darte la bienvenida a su paraíso terrenal para siempre. Vivir completamente irradiado de su Gloria y sumergido en su infinita Benignidad para juntos todos reinar por siempre con ÉL.

Toda la adversidad y dolor caduca debido a que no puede el mal existir en el ambiente pulcro del cielo al cual Elohim te quiere llevar. Al alma fiel, se le habrá perdonado su iniquidad.

"Enjugará Elohim toda lágrima de los ojos de ellos; y ya no habrá muerte, ni habrá más llanto, ni clamor, ni dolor; porque las primeras cosas pasaron." (Apocalipsis 21:4)

A todo obediente retoño de Adonai se le trasladará a la profetizada tierra nueva para cohabitar con el Altísimo y morar entre la delicia de su Gloriosa Presencia de manera inmaculada. Las sombras de perpetua oscuridad han de ser vaporizadas para siempre andar en la plenitud de su refulgente luminiscencia. En la ciudad magistral asentada en la planicie de la Tierra Nueva de nuestro Elohé "no habrá ya más noche." Nadie necesitará ni deseará descanso. No habrá anemia hacia la voluntad de Elohim y solo emanarán nuestras vigorosas alabanzas de agradecimiento a su nombre. Sentiremos siempre la frescura de la mañana, que nunca se agotará. Los redimidos andarán perpetuamente bajo el destello cristalino de su luz gloriosa. A gozar de longevos días de eternal duración donde no necesitarán nunca jamás al sol.

"No habrá allí más noche; y no tienen necesidad de luz de lámpara, ni de luz del sol, porque Elohim el Adonai los iluminará; y reinarán por los siglos de los siglos." (Apocalipsis 22:5)

He ahí el obsequio del amor de Elohim. Pero es un regalo que debes por voluntad propia aceptar. ¿Cómo? Estás próximamente a descubrir, lo que he formulado como apropiado sucesor a este quinto manjar que acabas de digerir. Prosigue al siguiente capítulo, acertado y convenientemente titulado...

CAPÍTULO 6
Salvación

"A menos que estemos vitalmente relacionados con "Dios", no podremos resistir los efectos profanos del amor propio, de la complacencia propia y de la tentación a pecar. Podemos dejar muchas malas costumbres y momentáneamente separarnos de Satanás; pero sin una relación vital con "Dios" por nuestra entrega a él momento tras momento, seremos vencidos."

– Frank B. Phillips

Comienzo con este extracto del libro *"Su Manto o el Mío"* del autor Frank B. Phillips. Creo que es sumamente apropiado hacer tal hincapié para este capítulo final. ¿De qué vale haber *vivido tu muerte* si realmente por sí mismo, ningún ser humano es capaz de vencer al enemigo? El *vivir tu muerte* por adelantado pronta a no solo haber adquirido conocimiento, más importante aún, es <u>hacer algo al respecto.</u> El significado hebreo de la fe genuina, "Emunáh". Así que te felicito por haber incursionado en este gran viaje para al fin llegar a la corteza de su importancia: ¡Salvación!

Ya conoces que Elohim se dedica a buscar almas constantemente para llevarlas a salvación de todo lo que enfrentaste con valentía al decidir imaginariamente VIVIR TU MUERTE. El Evangelio te ha sido expuesto. Son las buenas noticias del cumplimiento de la promesa de Elohim para redimir a su pueblo obediente del pecado. Revelación que se comunica al mundo y está al alcance de todos. Sin distinción de persona, raza, color, localización, nacionalidad, sexo, estado civil, status social, etc. Elohim te ama y solo quiere que te salves.

"Porque no hay acepción de personas para con Elohim." (Romanos 2:11)

"Y les dijo: Id por todo el mundo y predicad el evangelio a toda criatura." (Marcos 16:15)

Este libro, que lees en este preciso momento, es una de las innumerables maneras en que Elohim ha permitido que el Evangelio llegue a ti. ¿Para qué crees que has sacado de tu tiempo para llevarte a un posible futuro y haber recibido el regalo de vivir por adelantado? Nuevamente, el amor del Padre buscándote. Para que descubras lo que el título de este capítulo significa.

"El que creyere y fuere bautizado, será salvo; más el que no creyere, será condenado." (Marcos 16:16)

Ya comprendes que la paga del pecado es muerte y que todo ser humano peca. Has descubierto a un asombroso Elohim, su amor, paciencia y misericordia. El Creador que lucha día tras día para salvarte. Pero, entonces, la gran pregunta restante es la de máxima importancia; ¿Cómo puedes ser salvo? ¿Por medio de un sistema, método a seguir u obras buenas? No. Salvación es por un hombre y su poderoso **NOMBRE.**

"Porque de tal manera amó Elohim al mundo, que ha dado a su Hijo unigénito, para que todo aquel que en él cree, no se pierda, más tenga vida eterna." (Juan 3:16)

Ahora bien; ¿quién es ESE hombre, Hijo de Dios mencionado en las Sagradas Escrituras por el cual todos podemos alcanzar ser salvos? El unigénito Hijo de Elohim se llama:

¿Qué hace que Yeshúa sea el único ser por cual podamos ser salvos? Repasemos como entró el pecado al mundo. Veamos el decreto bíblico.

²¹"Y dará a luz un hijo, y llamarás su nombre YESHÚA, porque él salvará a su pueblo de sus pecados." (Mateo 1:21)

"Por tanto, como el pecado entró en el mundo por un hombre, y por el pecado la muerte, así la muerte pasó a todos los hombres, por cuanto todos pecaron." (Romanos 5:12)

Entonces, una vez el pecado entra al mundo, y toda alma viviente es pecadora y no tiene salvación por medio de sí misma, Adonai, en su infinito amor nos regala su gracia inmerecida, para que por Yeshúa, todo aquel que crea en él pueda ser salvo.

"Porque así como por la desobediencia de un hombre los muchos fueron constituidos pecadores, así también por la obediencia de uno, los muchos serán constituidos justos." (Romanos 5:19)

Recordemos que Elohim no puede mentir. Dijo Elohim en su Palabra que la paga del pecado es muerte.

"Porque la paga del pecado es muerte, más la dádiva de Elohim es vida eterna en Yeshúa Cristo Señor nuestro." (Romanos 6:23)

Ahora, no olvides que Elohim *es* amor y *es* Justo. Aparentemente nos encontramos en una cósmica encrucijada. ¿Cómo me va a poder salvar ese Elohé que no puede mentir, que dijo que debo morir por mi pecado, pero ahora, resulta que hay una manera de salvación? He aquí otra asombrosa muestra del inmenso amor de nuestro Gran Creador y Padre Celestial.

Para poder cumplir y otorgarnos eso, la misericordia y amor de Adonai proveyó la muerte de su Hijo amado Yeshúa sobre la cruz del calvario. He aquí el detalle más poderoso para toda alma pecadora; su muerte fue en *sustitución* de la nuestra. Yahweh es tan increíble y noble, que en ninguna manera viola su propia ley. La paga de tu pecado llevó la paga de una muerte. La de Yeshúa. El Hijo de Elohim, que *no conoció pecado*, se hizo pecado voluntariamente para morir por ti y toda alma pecadora pueda ser redimida. ¿No es ese abnegado acto puramente maravilloso?

Si aún no comprendes el valor de lo que eso significa, presta atención nuevamente. Elohim es el único que tiene la potestad de hacer su voluntad como le plazca. Adonai posee total autonomía y complacencia. Elohim tiene absoluta prerrogativa de tomar decisiones y ejecutarlas para sí mismo, y para su propio placer y justicia. Elohim tiene todo el derecho de hacer lo que sea sin cuestionamiento alguno. ¿A qué se debe eso?

YHWH es eterno. Elohim es nuestro infinito Creador. Nosotros somos su creación. Nadie ni nada está sobre él ni tiene autoridad mayor que la de él. Por consiguiente, ¿Tiene Elohim el derecho de poder destruirnos por lo abominable que resulta nuestro pecado? Por supuesto que sí. Pero más asombroso es su amor por su creación, que en vez de otorgar el castigo que nos merecemos, nos regala su gracia divina. Verás, el pecado nos separó de Adonai y del plan para que fuimos creados; servirle para su deleite. Serles de él y para él y juntos gobernar el planeta y su preciosa creación universal. Vivir en amor y armonía con nuestro Padre para siempre. Ser su **FAMILIA ETERNAL.**

"Y me dijo: Hecho está. Yo soy el "Alef" y el "Tav", el principio y el fin. Al que tuviere sed, yo le daré gratuitamente de la fuente del agua de la vida. El que venciere heredará todas las cosas, y yo seré su Elohé, y él será mi hijo." (Apocalipsis 21:6-7)

Pero aun conociendo tal proclamación de Adonai, un sinnúmero de almas, embriagadas por las cosas de este mundo optarán por ignorar las promesas de Elohim para su salvación y perecerán.

"Pero los cobardes e incrédulos, los abominables y homicidas, los fornicarios y hechiceros, los idólatras y todos los mentirosos tendrán su parte en el lago que arde con fuego y azufre, que es la muerte segunda." (Apocalipsis 21:8)

Esta es la gran encrucijada de la vida. Este es el punto culminante de toda nuestra existencia. ¿Qué vas a decidir ya que conoces la verdad de Elohim y el plan de salvación que, por amor, él te extiende en este preciso instante? Este es el gran propósito del Evangelio. Elohim guerrea un anhelo titánico para que, bajo tu propia autonomía, decidas por tu salvación eterna. Te hace la promesa que, por medio de Yeshúa, serás salvo. Pero, como tu libertad es inviolable, cada alma tiene que ejecutar tal decisión y eso es por lo que Elohim pacientemente espera efectúes. No obstante, la condición ha sido especificada. Para heredar todas las cosas y vida eterna, todo aquel que entregue su vida a Cristo, recibe la promesa. En blanco y negro, es así de simple.

Entonces, a pesar de todo lo que has aprendido en esta lectura, ¿por qué, para tantos, resulta tan difícil desprenderse y hacer lo correcto en aceptar a Yeshúa para proceder a bautizarse por inmersión total en agua y alcanzar la vida eterna? Veamos.

El pecado nunca fue destinado para la raza humana. Lo que Satanás logró es horrendamente profundo, abominable y abismalmente destructor. No meramente nos separa literalmente de Elohim, pero causa que cada alma viviente, por medio de su libertad actúe en contra de la Torá, preceptos, estatutos, profetas y carácter de Elohim.

La pureza del amor fue corrompida y por eso existe en este mundo el egoísmo, soberbia, avaricia, perversidad y tantas cosas adversas y contrarias a como las cosas deberían realmente ser. Eres división entre carne y espíritu. Nuestra batalla en vida es constante guerra entre los designios de nuestra carne pecaminosa y la santificación de nuestro espíritu.

"Por cuanto los designios de la carne son enemistad contra Elohim; porque no se sujetan a la Torá de Elohim, ni tampoco pueden; y los que viven según la carne

no pueden agradar a Elohim." (Romanos 8:7-8)

Esta es la tendencia natural de todos los seres humanos —incluyéndote a ti— aunque tantos no lo quieren creer, ni mucho menos admitir. Existen otros que, aun descubriendo estas verdades, guerrean en contra del saber que deben someterse a la autoridad de un Soberano que les dictamine sus vidas. Razonamiento humano en gran parte se remonta a esto: **Odiamos que nos digan que hacer y cómo hacerlo.** No queremos someternos a la autoridad de nada ni nadie. Lamento tener que informar que innegablemente, la mayoría de la humanidad perecerá por su colosal arrogancia y orgullo.

Este es el triste caso de gran parte de nosotros, los seres dotados de conocimiento e inteligencia superior, la tendencia e inclinación natural de los prejuicios en contra de un Omnipotente Elohim, *que nos ordena como vivir*, es suficiente para refrenarlos admitir las pruebas y verdades contenidas en su Palabra. Aun las compartidas dentro de esta lectura. Simplemente para tantos, esta es su verdad: Quiero vivir como me plazca. Gobernados por nuestro **"Yo"**.

Tomando los párrafos de arriba como premisa, les regalo este relato para que sirva de conciencia a esa actitud de rebeldía y desobediencia a Elohim. Muchas almas realmente desean ser libradas de la prisión del pecado y aunque aprendan la realidad de su estado espiritual, necesitan un estímulo que les ayude a desprenderse de su orgullo interno y la fuente de su precaria rebelión involuntaria.

He descubierto que muchas almas se quieren desprender de sus vidas contrarias a los designios de Elohim. Pero no entienden cómo poder lograrlo. Sea por su ignorancia, la opresión de sus temores o ser aprisionados por sus inseguridades, realmente viven enfrascados en una guerra espiritual. Es irónico que, en gran parte, todos nosotros sepamos que tenemos que cambiar muchos asuntos de nuestras vidas para convertirnos en mejores seres humanos, pero que raro que tantos lo reconozcan y sigan sin hacer ningún ajuste. Solo continúan la marcha al darse por vencidos en sus mentes y nunca generar la acción activa que los impulse hacia la transformación que Elohim les brindará. Por eso, Adonai ordena amor fraternal y auxiliemos a cada alma a nuestro paso hacia esa meta. Guiarlos a escapar de la celda invisible en nuestras mentes y a plena **LIBERTAD**.

La siguiente analogía me ha servido personalmente en gran manera cuando pude aplicarla a mi propia vida. Es bastante curiosa y encuentro que muy cómica en realidad. Pero una vez la apliques a tu propia existencia, deseo que te sirva de total beneficio. Recíbela como otra bendición el Padre te entrega como contribución por amor a ti, amado lector. Logres adquirir por la fuerza del Ruach Hakodesh, desenganchar lo que te aprisione el alma al pecado. Te *sueltes* totalmente y adquieras la libertad que solo Yeshúa es capaz de proveer.

ATRAPANDO MONOS EN ÁFRICA

RELATO DE LA VIDA REAL

Como solía suceder, disfrutando una tarde con mi hermano menor en casa, veíamos historias de la naturaleza, cosa que nos fascinaba y divertía mucho. En particular nos inclinábamos por la biodiversidad de flora y fauna. Nos encanta ver cosas de esa índole ya que aprendemos de las maravillas del mundo de Dios, como de seguro a cada uno de ustedes. Uno de los relatos memorables de lo proyectado fue conocer lo siguiente: ¿Tienes idea de cómo cazan al mono en áfrica? Existe un sinnúmero de maneras y estrategias explicadas públicamente de lograr capturas a primates. Con cajas, espejos, mallas, sacos de arroz y hasta botellas de cristal con golosinas adentro. Pero sin importar que idea se use, la estrategia es similar en contexto. Esta artimaña en particular recurría a una manera muy ingeniosa y se las cuento.

El mono es un animal extra curioso. Valeroso como para acercarse a los humanos para averiguar qué actividades realizan, pero guardando una distancia razonable en caso de tener que huir. Resultó que, en una ocasión, un aborigen de una tribu africana, conociendo la curiosidad innata del mono, se asegura que este lo vea comiendo algo que saca de un saco.

El aborigen simulaba masticaba algo delicioso y emitía sonidos de placer para que fuera escuchado por el mono. La realidad es que fingía comer pedacitos de sal granulada. El aborigen lanza varios pedazos de sal al distante, curiosito monito, quien, a gusto, los consumía. Así el astuto humano ganó la confianza del mono sobre el contenido del saco.

El aborigen, midiendo en su mente el tamaño del mono, cava un hueco en la pared de un montículo arcilloso cercano a él. El hueco es aproximadamente de un tamaño tal que por allí pueda pasar justamente el puño y mano del mono. El listo aborigen actúa lentamente para asegurar que el mono vea su acción y comienza a insertar una pepita de sal en el interior del hueco. Luego re retira a una distancia prudente. El mono, sintiendo que está a una distancia que lo mantiene a salvo, se acerca lenta pero seguramente al hueco. Mete su brazo y extrae la pepita de sal, se la come y se aleja para volver a observar. Ya ha tomado el señuelo.

El aborigen repite el proceso, mete la mano en el saco, la inserta en el hueco, pero esta vez la introduce hasta lo más profundo y se asegura que el mono observe el acto. Nuevamente, se aleja a una distancia que el mono considere segura. Llega el mono otra vez al agujero, mete su brazo hasta la mitad y cuando ve que el mono cierra el puño al agarrar la pepita de sal, irrumpe el aborigen en gritos y corre a toda velocidad hacia el mono.

He aquí la parte más asombrosa de todo el relato. El mono es tan egoísta y terco que no abre su puño para escapar y en total frenesí, recurre a gritos, saltos y desespero, pero en vano. El aborigen es ahora su cazador.

El truco consiste en lo siguiente. El mono desliza su mano por el hueco para alcanzar la sal, pero al agarrarla, cierra el puño, haciendo que se tranque dentro del orificio y por eso queda pillado y aunque luche, no puede sacar el puño del orificio que fue calculado para tal efecto. El cazador lo apresa con facilidad y lo encierra en el mismo saco donde portaba la sal. El tonto mono no hubiera tenido más que abrir la mano y soltar el botín, haber corrido a toda prisa y quedaría a salvo. Así que prefirió el cautiverio y la muerte, antes que desprenderse del botín.

¿Qué interesante no creen?

Adonai te quiere salvar en todo momento. El enemigo te quiere engañar de tal forma que no creas la verdad de Elohim y seamos nosotros mismos los que no soltemos lo que sea el pecado que en nuestras vidas sostengamos. El que tanto nos agrade, satisfaga o gobierne, así el enemigo no tener que interceder o aplicar más fuerza sobre ti para que la perdición llegue lo más fácil y rápido posible.

La analogía del suceso con el mono es importante reconocerla en nuestras propias vidas. Cuando descubras que detalle en tu existir te separa de Elohim y te impide ganarte la gracia ofrecida para adquirir tu salvación, descubres la trampa mortal diseñada para ti. En la gran mayoría de los casos, Satanás usa la carnada perfecta en tu contra, porque el pecado que crees que no puedes vencer, es el pecado que más te gusta. Tu máxima debilidad o ambición. El orgullo. Vanidad. Placer. Dinero y riquezas. Dominio. Lo que sea, una vez te escudriñes y compares en el reflejo del amor, pureza y santidad divina, comprenderás que debes aprender a soltarlo. Lógralo al depositarte plenamente en las manos del Salvador.

No te cuesta nada. La salvación es gratis. Es dádiva inmerecida por Adonai a todos. Pero, sí requiere un acto de tu parte, que te desprendas de todo lo que no debe haber en tu vida que sea pecaminoso. La Biblia lo describe como vivir en un proceso de santificación constante. Elohim al saber que es una lucha potente de índole espiritual, te concede el poder del Ruach Hakodesh para lograrlo. Nunca te abandona en ese proceso de adquirir ascendente santidad día a día. Permítele a Elohim limpiarte por completo y llegar a él por medio de su Hijo, Yeshúa. ¿Si permitieras a Yeshúa liberarte del pecado del mundo, cuán libre realmente serás?

"Así que, si el Hijo os libertare, seréis verdaderamente libres." (Juan 8:36)

Comprende la importancia de esta libertad, ya que es extendida *dentro de un tiempo límite*. La ventana de la gracia se cerrará cuando menos lo esperes, o cuando tu tiempo de vida en este planeta expire en un insospechado momento. El Altísimo Todopoderoso muy pronto tendrá que iniciar su intervención y salvar a la humanidad de ella misma o nosotros, por el pecado siendo tan perversos, nos auto destruiríamos.

"Y si aquellos días no fuesen acortados, nadie sería salvo; más por causa de los escogidos, aquellos días serán acortados." (Mateo 24:22)

Que horrenda revelación ésta en Mateo 24:22. Adonai nos adelanta que, por culpa de nuestra maldad, él mismo tendrá que intervenir para salvarnos o no tendríamos salvación alguna. Que disgusto causa saber que no importa lo que creemos somos, o lo que esperanzamos como seres humanos, llegaremos a un punto tal que nos mataremos los unos a otros y a no ser que Elohim nos ame tanto y lo impida, nos borraríamos de la existencia. Es una total y detestable vergüenza.

El mundo de hoy, a pesar de tanta paz y comodidad que muchos en la faz de la tierra aun poseen, no se quedará así. En un abrir y cerrar de ojos, la madurez del pecado será alcanzada y entraremos al punto de no regreso. La vida iniciará su empinada espiral descendente y Elohim dará inicio a sus designios finales. Lo que no se haya logrado ahora por amor, conciencia, cordura, compasión, tendrá que incurrir en un estruendo temor por parte de fuerza sobrenatural para estremecer y despertar al mundo. Problemas mundiales se intensificarán. Esto será seguido por inesperados y cataclísmicos eventos de asombrosas proporciones. Tales cosas sacudirán violentamente al mundo entero de manera absolutamente... ¡literal!

La civilización según la conoces cambiará para siempre. Eventos se están acrecentando a una culminación final de tal magnitud que su clímax será colosal. Las señales serán tan asombrosas que para el mundo resultará innegable que su procedencia es por parte de Elohim. Incrementado por el conocimiento a todos que esto sucede por nuestra propia culpa y eso ha provocado a incendiarse su feroz e implacable Ira de Justicia Divina. El pecado tiene que ser erradicado para siempre antes de regresar a la pureza de la creación sin la caída del hombre originada por el Diablo Satanás.

Remontémonos al Capítulo 4: Profecía. Elohim, no avisa las cosas de antemano *sin un propósito*. Salvarte de eso, *es la razón*.

"Porque como un lazo vendrá sobre todos los que habitan sobre la faz de toda la tierra. Velad, pues, en todo tiempo orando que seáis tenidos por dignos de escapar de todas estas cosas que vendrán, y de estar en pie delante del Hijo del Hombre." (Lucas 21:35-36)

"Bienaventurado el que lee, y los que oyen las palabras de esta profecía, y guardan las cosas en ella escritas; porque el tiempo está cerca." (Apocalipsis 1:3)

"¡He aquí, vengo pronto! Bienaventurado el que guarda las palabras de la profecía de este libro." (Apocalipsis 22:7)

Ya que has leído este libro hasta aquí, y antes de proseguir, deseo hacerte una simple pregunta: ¿En vez de ser la Biblia la que te habla, frente a ti, su Autor se te apareciera ahora mismo y Elohim mismo te dijera a ti personalmente todo esto? ¿Lo ignorarías o cambiarías todo y te dedicarías a tu salvación?

¿Te quieres salvar, qué debes hacer?

Si tú —la persona, el alma viva que ahora mismo está leyendo esto. ¿Voluntariamente quieres corregirte, antes de que Elohim permita este indescriptible y horrendo azote a la humanidad rebelde? Ahora en tu interior, por haber descubierto su amor y en amor a él, produces y derramas un arrepentimiento real. Al darte cuenta que habiendo descubierto que, bajo la Torá de YHWH, erróneamente habías estado viviendo en pecado y que ahora puedes recibir el regalo que Elohim te ha extendido; ¿Deseas adquirirlo de corazón? Por introspección, ahora poder verte como realmente eres ante sus ojos; ¿optarás por abandonar todo lo que te separe de él y su justicia? Si tu sincera respuesta es **NO**, pues... *presta atención.*

Llega un punto importante en la vida de un ser salvado. Antes, el perdido no tenía idea de su inmoralidad, su suciedad en comparación con la Santidad de Elohim. Esto se compara con ceguera. Es como ser ciego y no entender nada de lo que existe visible. Una vez el amor de Adonai te quita el velo de los ojos carnales y puedes al fin vislumbrar tu existencia por medio de visión espiritual, no hay duda del horror del pecado que habita en todos nosotros. Te invadirá un sentido de culpa de millones de toneladas. Una angustia indescriptible y un mal sabor a tu vida. Te ves como Elohim te ve en cuanto a impureza. Es chocante comprender cuán indigno uno es en realidad versus la santidad de nuestro Padre en las alturas.

Ese filtro *es la revelación más gratificante para cada alma*, ya que viendo que siendo totalmente inmerecida su gracia, te rindes ante la Soberanía del Todopoderoso y permites que su amor te cubra y transforme la corrupción moral. Recibes el galardón que el Hijo de Elohim te otorga y todo aquel que en él crea, y recibes vida eterna. Das el primer paso hacia el verdadero resto de tu vida y cuan glorioso es lo que te espera. Rendirte a los pies de Yeshúa, aceptarlo como tu Salvador personal es tu garantía a feliz vida eterna.

"Porque has puesto a YHWH, que es mi esperanza, Al Altísimo por tu habitación, No te sobrevendrá mal, Ni plaga tocará tu morada. Pues a sus ángeles mandará acerca de ti, Que te guarden en todos tus caminos." (Salmos 91:9-11)

¿Qué nos revela Adonai sobre su amor por nosotros?

"En esto consiste el amor: no en que nosotros hayamos amado a Elohim, sino en que él nos amó a nosotros, y envió a su Hijo en propiciación por nuestros pecados." (1 Juan 4:10)

¿Para corresponder el amor inmensurable de Adonai por nosotros, se lo devolvemos de qué forma?

"Pues este es el amor a Elohim, que guardemos sus mandamientos; y sus mandamientos no son gravosos." (1 Juan 5:3)

¿Ya que el tiempo apremia y la ventana de la gracia divina llegará a su final, cuándo es el momento adecuado para actuar, amar y obedecer a YHWH?

"Más la hora viene, y ahora es, cuando los verdaderos adoradores adorarán al Padre en espíritu y en verdad; porque también el Padre tales adoradores busca que le adoren." (Juan 4:23)

¿Qué hizo Elohim en sacrificio de amor para que pudieras recibir su gracia y salvarte?

"Porque de tal manera amó Elohim al mundo, que ha dado a su Hijo unigénito, para que todo aquel que en él cree, no se pierda, más tenga vida eterna." (Juan 3:16)

Si existe algo poderosamente increíble y de total asombro para un pecador... es descubrir lo que Elohim ha hecho por *TI*. Contempla profundamente en el terrible gran acto de misericordia y amor genuino que Yahweh invirtió para salvarte. Yeshúa, el Hijo de Elohim abandona voluntariamente toda su gloria, riqueza y maravillosa vida en el cielo para encarnarse en este mundo, vivir una vida natural como la tuya y la mía para demostrarte el camino, la verdad y servirte de ejemplo de conducta y acción que debes llevar y por medio de él haber sido el sacrificado en tu lugar. Hoy salvación llega a tu vida gracias a Yeshúa. Jamás olvides el precio de tu libertad y la razón hoy puedes lograr reconciliación con el Padre Eterno por medio del rito de inmersión total en agua. En hebreo, eso se llama *"Teviláh"*.

Uno de los más sublimes actos que Yeshúa realizó en su estadía terrenal fue enseñarnos los pasos a seguir como humano. Su Ministerio fue relativamente corto, pero sus repercusiones son eternas. Para dar inicio a su Ministerio y guiarnos a las buenas nuevas de salvación, Yeshúa mismo participó en el ritual de inmersión en agua, "Teviláh". Yeshúa es el camino, la verdad y la vida. Como el mayor sabio maestro y el Mesías Prometido por YHWH, que este mundo ha tenido, hizo lo que todo buen educador debe hacer, mostrarnos la manera a seguir. Según Yeshúa sirve de modelo y nos enseña, debemos seguirle sus pasos.

El acto de "Teviláh" es una ordenanza que Yeshúa mismo nos dejó y el paso esencial de quien fuiste como pecador a quién serás en el camino de la Emunáh (fe) y nuevo ser bajo la gracia divina.

"Teviláh" de Yeshúa.

"Entonces Yeshúa vino de Galilea a Juan al Jordán, para sumersión por él. Mas Juan se le oponía, diciendo: Yo necesito ser bautizado por ti, ¿y tú vienes a mí? Pero

Yeshúa le respondió: Deja ahora, porque así conviene que cumplamos toda justicia. Entonces le dejó. Y Yeshúa, después que fue inmerso, subió luego del agua; y he aquí los cielos le fueron abiertos, y vio al Ruach Hakodesh que descendía como paloma, y venía sobre él. Y hubo una voz de los cielos, que decía: Este es mi Hijo amado, en quien tengo complacencia." (Mateo 3:13-17)

    Nicodemo se había maravillado con las enseñanzas y sabiduría de Yeshúa y acudió una noche a dialogar con él sobre la salvación. El relato de Nicodemo con Yeshúa es sumamente importante para la salvación por dos razones, primero, Nicodemo era un rico fariseo, maestro en Israel y un prominente miembro del Sanedrín judaico. El Sanedrín era una asamblea o consejo de sabios que tenía cada cuidad judía en esos tiempos. Nicodemo revela que todo aquel que reconoce la salvación por medio de Yeshúa, sin importar su prominencia, estatus social y poder judicial o económico, debe atravesar el mismo proceso de inmersión según establecido en la Palabra de YHWH para entrar al Reino Sempiterno. Porque Yeshúa predicaba a todo lugar que iba, que el Reino de los Cielos ya estaba cercano.

"Había un hombre de los fariseos que se llamaba Nicodemo, un principal entre los judíos. Este vino a Yeshúa de noche, y le dijo: Rabí [Maestro], sabemos que has venido de Adonai como maestro; porque nadie puede hacer estas señales que tú haces, si no está Elohim con él. Respondió Yeshúa y le dijo: De cierto, de cierto te digo, que el que no naciere de nuevo, no puede ver el reino de Elohim. Nicodemo le dijo: ¿Cómo puede un hombre nacer siendo viejo? ¿Puede acaso entrar por segunda vez en el vientre de su madre, y nacer? Respondió Yeshúa: De cierto, de cierto te digo, que el que no naciere de agua y del Ruach, no puede entrar en el reino de Elohim." (Juan 3:1-15)

Analicemos los detalles importantes de este proceso para la salvación. Primero, la salvación es por la gracia de Elohim, otorgada por la muerte de Yeshúa. Creer en Yeshúa nos concede su gracia. Nacer de nuevo, es por gracia, ya que Yeshúa es el camino a Elohim. Yeshúa es el Todo. Ahora, ¿qué significa la "Teviláh" por inmersión en agua? ¿Cuál es su rol e importancia? ¿Por qué se debe nacer de nuevo por medio de agua y del Ruach? ¿Por qué hay que sumergirse en totalidad?

Yeshúa es sabio y nuestro ejemplo a seguir en todo. El vino a demostrarnos como debemos ser y hacer. El Ministerio de Yeshúa comenzó en el Río Jordán al momento de él mismo ser "justificado" bajo inmersión en agua. He aquí una importante clave. Yeshúa es la representación visible del invisible Elohim encarnado. Yeshúa vino a demostrar al mundo muchas cosas, pero una en particular y la cual cumplió a perfección como ningún otro humano que jamás haya existido sobre la faz de la tierra: Obediencia Perfecta a Elohim. Su vida fue de perfecto carácter, servidumbre y fidelidad. Humildad absoluta. Siendo los hombres perversos y desobedientes, Yeshúa fue el ejemplo de cómo nosotros no debemos, sino *tenemos* que alcanzar a ser y cómo a todos, genuinamente amar.

Como los seres humanos son tan perfectos en olvidar las cosas, revisitemos un momento ambos párrafos de unos pasos más arriba. Para refrescarnos la memoria de cuánto nos gusta a los humanos simplemente llevar la contraria a reglas y ordenanzas.

Esta es la tendencia natural de todos los seres humanos —ncluyéndote a ti— aunque tantos no lo quieren creer, ni mucho menos admitir. Existen otros que, aun descubriendo estas verdades, guerrean en contra del saber que deben someterse a la autoridad de un Elohé que les dictamine sus vidas. Razonamiento humano en gran parte se remonta a esto: *ODIAMOS QUE NOS DIGAN QUÉ HACER Y CÓMO HACERLO.*

No queremos someternos a la autoridad de nada ni nadie. Este es el triste caso de gran parte de nosotros, los seres dotados de conocimiento e inteligencia superior, la tendencia e inclinación natural de los prejuicios en contra de un Omnipotente Elohim, *QUE NOS ORDENA COMO VIVIR*, es suficiente para refrenarlos admitir las pruebas y verdades contenidas en la Palabra y compartidas dentro de esta lectura. Simplemente para tantos, esta es su verdad: *QUIERO VIVIR COMO ME PLAZCA.*

Entonces, nuevamente comprendiendo esto acerca de la naturaleza humana y lo difícil que resulta seguir las normas y mandamientos que se nos impongan, pues no es de imaginar las razones que muchos se produzcan para cuestionar todo lo que la Palabra de YHWH les indica. Esto no se remonta exclusivamente a los que no sepan nada de Elohim, ni lean la Biblia. Aunque les parezca increíble, dentro del pueblo de Elohim y aun los que viven incrustados dentro de las iglesias alrededor del mundo, muchas revelaciones y ordenanzas a las cuales todos en un momento dado hemos sido expuesto todavía quedan sin realizar. ¿Cuál barrera es una de las más duras para derribar dentro de cada ser humano? *¡ORGULLO!*

Si Yeshúa quería que aprendiéramos algo, fue humildad. La humildad causa que te tragues el orgullo y te rindas ante Elohim. Una cualidad honorable del amor es que no es egoísta. Al amar, uno no tiene orgullo, uno vive al servicio del prójimo y ejerce la esencia de esa virtud de Adonai. Por tal razón. El orgullo es una muralla tan alta y fuerte para derribar. Para colmo, el orgullo es pareja del egoísmo. Entonces, el orgullo mientras más alto y prepotente, más profundas y firmes las raíces que echa de su egoísmo. Ahora, ve entendiendo esto debido a la importancia de la unión de ambas fuerzas opositoras a los asuntos divinos. Fíjate como ahora resulta más fácil relacionarlas a las ordenanzas e instrucciones del Adón. ¿Qué singular palabra es la que idóneamente describe una relación perfecta con Adonai?

¡OBEDIENCIA!

¡BOOM! Que increíble es saber lo que cuesta poder servirle a Elohim. Aunque sepan todo lo que va a venir y suceder, millones de almas van a rechazar el plan de salvación de Elohim. Derrocharán vida eterna por medio de la gracia inmerecida ofrecida gratuitamente y no aceptarán a Yeshúa. ¿Por qué? Pues por la desobediencia producida por el dominio de su orgullo egoísta. Aunque sea algo tan simple como sumergirse bajo agua como tributo público de su salvación eterna, su orgullo es su amo y a ese amo, ellos son esclavos. Esclavos eternos. *¡INCREÍBLE!*

Regresemos ahora a la "Teviláh". La inmersión es un acto en donde de manera pública se declara al mundo que has creído en Yeshúa, lo amas y aceptas el plan de salvación y acudes a entregarle tu vida a Elohim por medio de morir bajo el agua, dejar todo lo que eras sepultado en esa tumba líquida y al emerger, nueva criatura en Cristo llegar a ser. Te conviertes en **"HEBREO"** que significa: El que cruza agua de un lado a otro. ¿Suena sencillo no? Pero, ¿qué detiene a tantos que hoy han conocido el mensaje y no deciden bajar a las aguas y "cruzar" a salvar eternamente su alma? Solo tú, en tu propio caso, sabrás. La realidad es, que Yeshúa te está haciendo el llamado ahora mismo y no existe *NADA* que te detenga salvo tú propia decisión. Pueda ser por variadas razones, el miedo puede añadirse como una de ellas. Quizás no creas poseer la preparación espiritual adecuada primeramente necesaria, asumiendo que para llegar a Elohim tienes que perfeccionarte primero, como tantos se hacen creer, etc. Elohim, en su infinita sabiduría, tiene ayuda para ti y vamos a revelártelo.

Al momento de Yeshúa ascender nuevamente, ya habiendo resucitado, dejó esto a sus discípulos al igual que a nosotros en el resto del mundo futuro.

"Pero yo os digo la verdad: Os conviene que yo me vaya; porque si no me fuera, el consolador no vendría a vosotros; más si me fuere, os lo enviaré. Y cuando

él venga, convencerá al mundo de pecado, de justicia y de juicio. De pecado, por cuanto no creen en mí; de justicia, por cuanto voy al Padre, y no me veréis más; y de juicio, por cuanto el príncipe de este mundo ha sido ya juzgado. Aún tengo muchas cosas que deciros, pero ahora no las podéis sobrellevar. Pero cuando venga el Espíritu de verdad, él os guiará a toda la verdad; porque no hablará por su propia cuenta, sino que hablará todo lo que oyere, y os hará saber las cosas que habrán de venir. El me glorificará; porque tomará de lo mío, y os lo hará saber. Todo lo que tiene el Padre es mío; por eso dije que tomará de lo mío, y os lo hará saber." (Juan 16:7-8)

Entonces, ¿Elohim nos dejó una ayuda para poder soportar y prevalecer sobre nuestras pruebas diarias en nuestra vida? ¡Por supuesto que sí!

LA OBRA DEL "RUACH HAKODESH".

Elohim es tan amoroso y sabio, que a pesar del pecado que entró en el mundo y nos causó la separación de él, nos hizo una gran provisión por medio de su Hijo y su muerte en la cruz. En adición, para poder sobrellevar las cargas de la vida, en lo que Yeshúa regresa a destruir por vez final al pecado y a Satanás, su originador, nos hace otra provisión. Elohim envía su Ruach Hakodesh (Espíritu Santo) para poder, por medio del consolador, triunfar sobre las pruebas. Otra evidencia adicional del amor incesante de nuestro Amoroso Padre Celestial que no cesa su labor de protegernos y hacer todo a su alcance para que tengamos bendición y alcancemos vida eterna. Adonai no deja de amarnos. Que maravilloso Elohé poseemos y que triste como tantos crasamente lo subestiman y lo bajan a un nivel inferior al humano. Tratan de tener un Elohé manipulable. Pero una de sus hermosuras es que su amor no es como el nuestro, su amor es incondicional e infinito porque ese es su carácter y Elohim es inmutable. Adonai está con nosotros todos los días hasta el fin del mundo. ¡Gloria a Elohim!

"Y Yeshúa se acercó y les habló diciendo: Toda potestad me es dada en el cielo y en la tierra. Por tanto, id, y haced discípulos a todas las naciones, bautizándolos en mi nombre; enseñándoles que guarden todas las cosas que os he mandado; y he aquí yo estoy con vosotros todos los días, hasta el fin del mundo. Amén." (Mateo 28:18-20)

Yeshúa ascendió al cielo y allá ejerce como nuestro constante mediador hacia el Padre. Pero al entregarnos a él, recibimos su ayuda sobrenatural divina por medio de su Ruach Hakodesh. Cuando el alma se entrega a Cristo, un nuevo poder se posesiona del nuevo corazón. Se realiza un cambio que ningún hombre puede realizar por su cuenta. Es una obra que introduce un elemento sobrenatural en la naturaleza humana. El alma que se entrega a Cristo en honestidad, llega a ser una fortaleza suya, que él sostiene en un mundo en rebelión, y no quiere que otra autoridad sea conocida en ella sino la suya. Un alma así guardada en posesión por los agentes celestiales es inexpugnable para los asaltos de Satanás. La única defensa contra el mal consiste en que Cristo more en el corazón por la Emunáh (fe) en su justicia.

¿Por qué crees que sea necesario recibir ayuda adicional de Elohim mientras atravesamos esta etapa temporal sobre la tierra? Fíjate en como aun para los conocedores de la Palabra y creyentes profesos, las tentaciones resultan ser batallas reales. ¿Por qué es tan difícil vivir una vida abnegada, humilde? Porque los creyentes profesos no están muertos al mundo. No hay razón para medias verdades o mentira alguna. Nadie que vive está muerto al mundo. Entra ahí la manifestación del poder en contra del mundo del Ruach Hakodesh de Elohim. Es como vencemos.

Esa es una realidad innegable y el señalamiento propio de mayor envergadura que el mundo tenga tanta influencia sobre nosotros. Toda alma que separe tiempo de su vida y se auto analice, se percatará que por más victorias logre gracias a su voluntad y devoción a la obediencia, existen áreas en donde no le es posible vencer por sí mismo. Necesitas el poder y sabiduría divina al recibir la ayuda espiritual para romper tus ataduras y permitirte dar el paso a la salvación.

Elohim eligió tres únicos agentes para poder sinérgicamente redimir a la raza humana. Cada elemento es indispensable para conllevarlo a perfecta sincronización. Yeshúa cumplió Teviláh. ¿Qué significancia tiene para nosotros su acto? Yeshúa MUERE (derrama su Sangre por nuestros pecados). Yeshúa luego es sepultado, y resucitado a inmortalidad. Cada creyente en Yeshúa debe, a su semejanza, nacer de nuevo. Cada ser debe *MORIR* por medio del arrepentimiento. Ser *SEPULTADO* por medio de inmersión en agua en el Nombre sobre todo nombre: Yeshúa. Ser espiritualmente *RESUCITADO* al emerger del agua y ser llenados del poder del Ruach Hakodesh hacia nueva vida. Estos tres actos armonizan la transformación necesaria para la concordancia del renacer que públicamente es evidenciado al entregar tu vida a Cristo, permite tu expediente ser purgado de tus pecados y quedar justificado por la gracia adjudicada. El registro perfecto de Cristo pasa a ser tuyo y, por ende, tu salvación eterna. Al examinar en el día de juicio en el cielo tu pasado, lo único que será leído es: Esta alma, por medio de la gracia de Cristo queda impune, como si nunca hubiera pecado jamás. En el Libro de la Vida es escrito tu nombre y puedes entrar por la puerta al paraíso eterno que Dios ha preparado para ti. ¿Extraordinaria noticia para amar exponencialmente a ese Gran Adón, no?

"Por tanto, id, y haced discípulos a todas las naciones, bautizándolos en el nombre de Yeshúa." (Mateo 28:19)

"Y tres son los que dan testimonio en la tierra: el Espíritu, el agua y la sangre; y estos tres concuerdan." (1 Juan 5:8)

¡WAO! ¡Qué sorprendente y majestuoso Elohé que nos ama de tal manera! Por eso y mucho más YHWH es digno de toda alabanza, respeto, adoración y obediencia.

"Y a todo lo creado que está en el cielo, y sobre la tierra, y debajo de la tierra, y en el mar, y a todas las cosas que en ellos hay, oí decir: Al que está sentado en el trono, y al Cordero, sea la alabanza, la

honra, la gloria y el poder, por los siglos de los siglos." (Apocalipsis 5:13)

Nuevamente, nos detenemos un momento para analizar todo lo aprendido hasta el momento. Comenzaste la jornada comprendiendo una realidad importante, Elohim viene a juzgar a este mundo y el tiempo se acorta. Aprovechamos esta lectura para dar inicio a un viaje futuro y bajo la perspectiva de adelantadamente *vivir tu muerte* adquiriste una idea de cuan nefasto sería vivir en la dirección incorrecta ante las leyes y designios de Elohim. Comprendes la misericordia de ese Perfecto Soberano Celestial que usa su profecía para dejarte ver por adelantado las cosas que él ha decretado van a suceder y demostrado que son efectuadas con precisa exactitud. Descubriste su profundo amor por la humanidad y por ti. Ahora te abre al entendimiento de que existe salvación por medio de su Hijo y que sus brazos están abiertos para recibirte sin reproche alguno.

El Creador del Universo infinito te ama. Cada vez que recuerdo eso me estremezco en total y profundo asombro. ¿Compartes el mismo asombro al saber que Elohim te ama taaaaaaaaaaaaaaaaaaaaaaaaaaaaaaaannnnnntoooooooooooooooooooooooooooooooooooooo?

Toda la Biblia es una hermosamente amorosa súplica de Adonai revelándote quién él es y que por la erradicación del pecado que *va a realizar* para poder eliminar para siempre toda la suciedad que ha teñido la pureza de su creación, incluyendo al mismo Satanás al borrarlo de la existencia para que todos seamos felices para siempre, llegamos a un punto culminante. ¿Cómo responderás *tú* a su súplica?

Un incontable número de almas llegan a este punto día tras día y luego de recibir información de tal magnitud reveladora, sonará increíble esto, pero con todo el conocimiento recién depositado a su intelecto, humanamente entra en acción la incredulidad, duda y desconcierto. Nos aterramos. Esto es una reacción natural, ya que, bajo el contraste de tal elevado Elohé, invade el benigno temor de cómo siendo totalmente indignos y microscópicos ante su omnipotencia, nos cuestionamos cómo puede ser posible que ese Gran Adón nos vaya a recibir y aceptar en nuestro pecaminoso estado. Parecerá horrendo que Elohim sea temible, pero, el temor a Elohim equivale a un respeto absoluto, combustible para la veneración justa a él y será tu mayor aliado para mantenerte firme en sus caminos. ¿Qué dice la Biblia sobre ese temor a YHWH?

"El principio de la sabiduría es el temor de YHWH; Buen entendimiento tiene todos los que practican sus mandamientos; Su loor [elogio, enaltecimiento] permanece para siempre." (Salmos 111:10)

Este es uno de los engaños más poderosos de Satanás, hacerte creer que no podrás llegar a Elohim tan pecador y vil como eres y que te encuentras en este mismo instante. Satanás usa el miedo a Elohim como una excusa para causarte un tranque hacia la dirección que Elohim lucha que tú tomes. Entonces te acobardas y al no poder o querer concebir que serás aceptado por Elohim, retrasas tu salvación inmediata pensando que primero debes limpiarte, lavarte de tus pecados y suciedad. ¡Ah! Qué bueno que llegamos a este momento. Grábate este detalle en tu mente. Satanás es un ser creado. YHWH es el infinito y Todopoderoso Creador. Satanás es el padre de mentira y Adonai nunca miente. Adonai te ama y te va a demostrar que te recibe con total amor. No me creas a mí, ni a este libro, yo solo uso este vehículo para educarte sobre sus asuntos y verdades. Usted crea en Elohim y en su Palabra, ya que es fiel y firme para el tiempo de ahora y la vida venidera. Transportémonos a la Biblia y veamos.

Esta parábola es tan inmensamente hermosa, edificante y tan real que todo ser humano debe leerla y comprenderla alguna vez durante su sendero existencial. Es una reveladora representación del admirable y sorprendente amor de Elohim para con todos nosotros. Otra razón adicional para aumentar nuestro amor a Elohim, quien nos ama siempre primero. Elohim no hace acepción de personas.

"Porque no hay acepción de personas para con Elohim." (Romanos 2:11)

Elohim no hace acepción de personas porque simplemente, Elohim es amor.

"El que no ama, no ha conocido a Elohim; porque Elohim es amor." (1 Juan 4:8)

Así que ninguno está destituido de su gracia. Pero, muchos se perderán la entrada al Reino por no entender ese gran amor. Gracias por leer esta parábola. Favor de colocarte en el lugar tanto del Padre como del Hijo Pródigo en el relato. Lo que aprenderás destruye la mentira de Satanás y aprenderás sin lugar a duda alguna que Elohim te recibe con brazos abiertos en *TODO MOMENTO*.

PARÁBOLA DEL HIJO PRÓDIGO

"Un hombre tenía dos hijos; y el menor de ellos dijo a su padre: Padre, dame la parte de los bienes que me corresponde; y les repartió los bienes. No muchos días después, juntándolo todo el hijo menor, se fue lejos a una provincia apartada; y allí desperdició sus bienes viviendo perdidamente."

Puesto en perspectiva actual, la actitud del hijo menor refleja el deseo de posesiones de la humanidad. Quiero lo que entiendo es mi derecho y exijo me sea entregado, aunque sea para buen uso o total desperdicio. Continuemos...

"Y cuando todo lo hubo malgastado, vino una gran hambre en aquella provincia, y comenzó a faltarle. Y fue y se arrimó a uno de los ciudadanos de aquella tierra, el cual le envió a su hacienda para que apacentase cerdos. Y deseaba llenar su vientre de las algarrobas que comían los cerdos, pero nadie le daba. Y volviendo en sí, dijo: !!Cuántos jornaleros en casa de mi padre tienen abundancia de pan, y yo aquí perezco de hambre! Me levantaré e iré a mi padre, y le diré: Padre, he pecado contra el cielo y contra ti. Ya no soy digno de ser llamado tu hijo; hazme como a uno de tus jornaleros."

Aquí volvemos a ver el orgullo y vanidad en acción para catastróficos resultados. Pero notemos la enseñanza, el joven pudo haber decidido continuar en desperdicio y morir, pero, llega la clave necesaria para el triunfo; *"Volviendo en sí."* Darnos cuenta del error, arrepentirnos y humillarnos conduce a total vergüenza. El acto de auto reflexión permite recapacitar y ese *ES* el paso correcto de corrección y el justamente necesario para volver al Señor. Se llama en hebreo "Teshuvá".

"Y levantándose, vino a su padre. Y cuando aún estaba lejos, lo vio su padre, y fue movido a misericordia, y corrió, y se echó sobre su cuello, y le besó. Y el hijo le dijo: Padre, he pecado contra el cielo y contra ti, y ya no soy digno de ser llamado tu hijo. Pero el padre dijo a sus siervos: Sacad el mejor vestido, y vestidle; y poned un anillo en su mano, y calzado en sus pies. Y traed el becerro gordo y matadlo, y comamos y hagamos fiesta; porque este mi hijo muerto era, y ha revivido; se había perdido, y es hallado. Y comenzaron a regocijarse."

Este es el reflejo que toda alma viviente debe reconocer de este relato y aplicarlo a sus propias vidas. Dejando atrás el orgullo y vanidad, la vergüenza de sus actos causa que el humillado joven tome un paso de fe, y se dirige de regreso a su Padre. El joven no sabe si el Padre lo recibirá o rechazará realmente. Pudiera el desenlace inclinarse hacia cualquiera de ambas direcciones, pero el hijo hace algo poderoso a su favor. El nunca colocó la negatividad y desesperanza primero y se permitió sucumbir. Todo lo contrario, el joven, apostó TODO lo que él era y le quedaba a la comprensión que tenía del carácter y amor de su Padre. Notemos una peculiaridad adicional de la importancia que realiza la humildad en este acto del joven. No pretendía que le fuera readmitido como hijo, sino conforme a ser acomodado a seguridad de una mejor vida fuera de peligro del mundo de derroches y pérdidas juntamente contado como uno de los sirvientes de la casa de su progenitor. Adonai te enseña esta parábola para que analices y comprendas que la vida de ese joven, con riquezas, dinero, poder, deleites y posesiones materiales y la vida desmedida que conduce a la ruina total que este mundo ofrece puede ser la tuya misma. Significa algo más proféticamente, pero es un tema para un próximo libro. Esta vez, en este libro, que sepas que, si sucumbes al mundo y vuelves en sí, haces el cambio necesario y alcanzas salvación antes de que te sea demasiado tarde. La meta.

Veamos ahora las obras del Padre. A pesar que el hijo fue arrogante y le pidió todo por adelantado y se marchó, el Padre es puro amor constante, tal como Adonai es con todos nosotros.

El Padre lo vio a lo lejos y no tuvo rencor alguno, más bien corre hacia el joven hijo. Se disparó a su reencuentro con su amado, y obviando que estaba sucio y mal oliente y desprovisto de todo lo que le concedió cuando el hijo se lo pidió; lo único que hace es derramar su amor sobre él, se lanzó sobre su cuello y con toda su alma, simplemente lo besa. Adonai te dice que no importa cómo te encuentres ahora mismo, con todos tus pecados, tu inmoralidad, suciedad, distancia de él por tu pasado y la absoluta libertad que él te ha concedido, te ama constantemente y te recibe cuando llegues. Ese es el gran amor de YHWH para sus hijos "hebreos" espirituales. ¿Acaso Satanás no te **acusa** con lo contario; que Elohim no te va a recibir? ¿Curioso no, como Elohim te *demuestra* firmemente lo opuesto a sus mentiras? Así que cuando entregues tu vida a Yeshúa, el Padre va a sacar los mejores vestidos, preparará una gran cena y una fiesta monumental y comenzará un festejo sin igual. Ah, y si no lo sabías, hasta hay fiesta en el Cielo cuando un alma se salva. Lea Lucas 15:10.

"Y su hijo mayor estaba en el campo; y cuando vino, y llegó cerca de la casa, oyó la música y las danzas; y llamando a uno de los criados, le preguntó qué era aquello. Él le dijo: Tu hermano ha venido; y tu padre ha hecho matar el becerro gordo, por haberle recibido bueno y sano. Entonces se enojó, y no quería entrar."

Comparemos esta actitud del hermano con los que ignoran la Palabra de Elohim, los calumniadores, los burlones, los envidiosos, los que quieren toda la ganancia mundanal pero no obedecen los principios ni ordenanzas de YHWH. Son opositores. Productos de pura emoción.

"Salió por tanto su padre, y le rogaba que entrase. Mas él, respondiendo, dijo al padre: He aquí, tantos años te sirvo, no habiéndote desobedecido jamás, y nunca me has dado ni un cabrito para gozarme con mis amigos. Pero cuando vino este tu hijo, que ha consumido tus bienes con rameras, has hecho matar para él el becerro gordo. Él entonces le dijo: Hijo, tú siempre estás conmigo, y todas mis cosas son tuyas. Mas era necesario hacer fiesta y regocijarnos, porque este tu hermano era muerto, y ha revivido; se había perdido, y es hallado." (Lucas 15:11-32)

Nuevamente el Padre, obra con sabiduría y amor. Esta vez, con ternura y paciencia, aconseja a su hijo mayor sobre una realidad ignorada. El Padre le rogaba al hijo que entrase, porque lo ama y jamás le ha privado de nada. Adonai nos extiende una constante súplica que en entremos en su Reino, de igual manera, porque nos ama y no nos priva de nada. La actitud del Padre hacia el hermano mayor resalta su amor incondicional por ambos. El Mayor siempre ha gozado de la bendición del Padre, ya que nunca ha estado privado de su compañía. El Hijo mayor ignora la salvedad de lo que en todo momento ha poseído. Pero, no existe mayor satisfacción para un Padre amante que volver a tener en su hogar a un hijo al cual se le había perdido. De tal manera siente el Adón por nosotros. Los que están firmes y seguros en su hogar, gozan de todos sus privilegios, pero, qué alegría es para YHWH verte regresar de tu perdición y entrar a su salvación. Cuando ya todo haya sido juzgado y este mundo de pecado destruido para siempre, todo aquel recibido por el Padre a su Reino recibirá la Corona de Vida y comenzaremos la fiesta y a regocijarnos.

Hoy en particular debemos recordar que este mundo de pecado no es nuestro hogar. Aquí somos peregrinos y extranjeros temporero hasta que Yeshúa regrese e instituya su Reinado Milenario. ¡Gloria a su bendito nombre! Llegará el Rey de Reyes. Meditemos siempre en eso porque la salvación no es meramente un regalo por gracia, es el mayor tesoro que un ser humano pueda encontrar en esta vida y en la venidera. Yeshúa es el tesoro de mayor precio que este mundo ha recibido. Solo por medio de él se llega a la honra, gloria e inmortalidad. Conozcan sobre el Reino.

El tesoro escondido

"Además, el reino de los cielos es semejante a un tesoro escondido en un campo, el cual un hombre halla, y lo esconde de nuevo; y gozoso por ello va y vende todo lo que tiene, y compra aquel campo." (Mateo 13:44)

La perla de gran precio

"También el reino de los cielos es semejante a un mercader que busca buenas perlas, que, habiendo hallado una perla preciosa, fue y vendió todo lo que tenía, y la compró." (Mateo 13:45-46)

Salomón fue el hombre más sabio de la tierra por haberle pedido a Elohim un tesoro de incalculable valor; sabiduría.

"Y aquella noche apareció Elohim a Salomón y le dijo: Pídeme lo que quieras que yo te dé. Y Salomón dijo a Elohim: Tú has tenido con David mi padre gran misericordia, y a mí me has puesto por rey en lugar suyo. Confírmese pues, ahora, oh YHWH Elohim, tu palabra dada a David mi padre; porque tú me has puesto por rey sobre un pueblo numeroso como el polvo de la tierra. Dame ahora sabiduría y ciencia, para presentarme delante de este pueblo; porque ¿quién podrá gobernar a este tu pueblo tan grande? Y dijo Elohim a Salomón: Por cuanto hubo esto en tu corazón, y no pediste riquezas, bienes o gloria, ni la vida de los que te quieren mal, ni pediste muchos días, sino que has pedido para ti sabiduría y ciencia para gobernar a mi pueblo, sobre el cual te he puesto por rey, sabiduría y ciencia te son dadas; y también te daré riquezas, bienes y gloria, como nunca tuvieron los reyes que han sido antes de ti, ni tendrán los que vengan después de ti." (2 Crónicas 1:7-12)

El Rey Salomón escribió el Libro de los Proverbios en la Biblia. ¿Qué Es Un Proverbio? Un Proverbio es un dicho corto y sabio que es usado durante mucho tiempo por mucha gente. El libro de Proverbios es una colección de dichos cortos. Es un libro lleno de dichos sabios. Existen unos proverbios en particular que deseo poder incluir aquí para beneficio de cada lector como tú que tomó de su tiempo para regalármelo a estos escritos. Aunque no todos pertenecen al Libro de Proverbios, mi selección conlleva un propósito. Son claves para memorizar y obedecer, ya que conducen directamente a lo que cada alma debe lograr en la vida. Estos pedacitos sabios de la Biblia te sean sabiduría propia para tu vida. Ese es mi deseo para ti, alma viviente.

"Más buscad primeramente el reino de Elohim y su justicia, y todas estas cosas os serán añadidas." (Mateo 6:33)

"Hijo mío, si recibieres mis palabras, Y mis mandamientos guardares dentro de ti, Haciendo estar atento tu oído a la sabiduría; Si inclinares tu corazón a la prudencia, Si clamares a la inteligencia, Y a la prudencia dieres tu voz; Si como a la plata la buscares, Y la escudriñares como a tesoros, Entonces entenderás el temor de YHWH, Y hallarás el conocimiento de Elohim." (Proverbios 2: 1-5)

"Hijo mío, no te olvides de mi Torá, Y tu corazón guarde mis mandamientos." (Proverbios 3:1)

"El fin de todo el discurso oído es este: Teme a Elohim, y guarda sus mandamientos; porque esto es el todo del hombre." (Eclesiastés 12:13)

YHWH nos dictaminó su carácter y amor en sus mandamientos (Torá). Ellos equivalen a su instrucción moral en cuanto como él mismo es y cómo debemos perpetuamente tratar a nuestro prójimo. El pueblo remanente en el fin del tiempo es señalado como los que aman a Elohim y guardan sus mandamientos. Esa es la evidencia.

"Aquí está la paciencia de los santos, los que guardan los mandamientos de Elohim y la fe de Yeshúa." (Apocalipsis 14:12)

Si temer a Elohim y guardar su Torá es el todo del hombre, ¿Cuáles son? ¿Dónde originan? ¿Por qué Yeshúa en Mateo 5:17-19 decretó que no vino a **"…abrogar la Torá o los Profetas…"**? Significa que debemos descubrirlo y aplicarlo.

Los Diez Mandamientos De YHWH

[Escritos con Su Dedo en las tablas de piedra.]

"Y habló Elohim todas estas palabras, diciendo: Yo soy YHWH tu Elohé, que te saqué de la tierra de Egipto, de casa de servidumbre."

1. "No tendrás dioses ajenos delante de mí."

2. "No te harás imagen, ni ninguna semejanza de lo que esté arriba en el cielo, ni abajo en la tierra, ni en las aguas debajo de la tierra. No te inclinarás a ellas, ni las honrarás; porque yo soy YHWH tu Elohé, fuerte, celoso, que visito la maldad de los padres sobre los hijos hasta la tercera y cuarta generación de los que me aborrecen, y hago misericordia a millares, a los que me aman y guardan mis mandamientos."

3. "No tomarás el nombre de YHWH tu Elohé en vano; porque no dará por inocente YHWH al que tomare su nombre en vano."

4. "Acuérdate del día de reposo para santificarlo. Seis días trabajarás, y harás toda tu obra; más el séptimo día es reposo para YHWH tu Elohé; no hagas en él obra alguna, tú, ni tu hijo, ni tu hija, ni tu siervo, ni tu criada, ni tu bestia, ni tu extranjero que está dentro de tus puertas. Porque en seis días hizo YHWH los cielos y la tierra, el mar, y todas las cosas que en ellos hay, y reposó en el séptimo día; por tanto, YHWH bendijo el día de reposo y lo santificó."

5. "Honra a tu padre y a tu madre, para que tus días se alarguen en la tierra que YHWH tu Elohé te da."

6. "No matarás."

7. "No cometerás adulterio."

8. "No hurtarás."

9. "No hablarás contra tu prójimo falso testimonio."

10. "No codiciarás la casa de tu prójimo, no codiciarás la mujer de tu prójimo, ni su siervo, ni su criada, ni su buey, ni su asno, ni cosa alguna de tu prójimo."

(Éxodo 20: 1-17)

Repetimos la importancia de estos mandamientos de Elohim, qué compone la finalidad del hombre.

"El fin de todo el discurso oído es este: Teme a Elohim, y guarda sus mandamientos; porque esto es el todo del hombre." (Eclesiastés 12:13)

Recalco el sublime propósito de este libro al transportarte a *VIVIR TU MUERTE.*

"Temed a Elohim, y dadle gloria, porque la hora de su juicio ha llegado." (Apocalipsis 14:7)

¿CÓMO SE INICIA UNA RELACIÓN ÍNTIMA Y PERSONAL CON ELOHIM?
¡DESCÚBRALO!

¿Cuán distante realmente se encuentra YHWH Elohim de ti? Tan cerca como una oración elevada a él con todo tu corazón y Emunáh (fe). La manera de vivir en constante contacto y dependencia de Elohim es una relativamente simple. La oración. Yeshúa, nuestro perfecto modelo vivió bajo constante unión y dependencia con su Padre mediante la oración sin cesar.

Para iniciar tu relación con Adonai hoy, entregas todo tu ser en una oración, y comunicas todas tus preocupaciones, deseos y gratitud directamente descargadas a Elohim.

Los discípulos de Yeshúa, comprendiendo que él vivía y dependía de la oración, pidieron a Yeshúa les enseñara a orar y Yeshúa nos dejó una oración **MODELO**.

Yeshúa y la oración:

"Aconteció que estaba Yeshúa orando en un lugar, y cuando terminó, uno de sus discípulos le dijo: Señor, enséñanos a orar, como también Juan enseñó a sus discípulos. Y les dijo: Cuando oréis, decid: Padre nuestro que estás en los cielos, santificado sea tu nombre. Venga tu reino. Hágase tu voluntad, como en el cielo, así también en la tierra. El pan nuestro de cada día, dánoslo hoy. Y perdónanos nuestros pecados, porque también nosotros perdonamos a todos los que nos deben. Y no nos metas en tentación, más líbranos del mal." (Lucas 11:1-4)

Esta oración es un punto de partida. Base a continuar. Al orar, lo que hacemos es acercarnos a Elohim en amistad a él y sumisión de sinceridad total hacia él. Le hablas y compartes todo lo que exista en tu interior y estableces no solo un vínculo íntimo con el Padre Celestial, a su vez construyes y solidificas la relación establecida entre ambos. Una relación viva y real. Andar, confiar y comunicarte con Elohim en todo momento. La oración no baja a Elohim hacia ti, sino que te eleva a ti hacia él. Vive bajo constante oración y cercanía con el Abba Kadosh. Con total amor hacia ti como mi prójimo, comparto una oración para cada nuevo día. Para que las unas con las tuyas y la compartas con toda alma en tu camino.

"Adonai:
Sé que soy pecador y que necesito ser salvo por tu gracia. Sé que moriste en la cruz por mí. Me arrepiento de mis pecados y te pido perdón. Te invito a que entres en mi corazón y en mi vida derramando tu Ruach Hakodesh transformador. En este momento confío en ti como mi salvador y prometo seguirte como mi Señor todos los días de mi vida. Gracias por salvarme. Te lo pido en el infinitamente misericordioso, amoroso y poderoso Nombre de tu Hijo Yeshúa Hamashíaj. Amén."

Gracias por recibir y compartir esta oración. Que vivas bajo constante contacto con Elohim y entregues tu vida al Salvador de las almas. Me siento afortunado y privilegiado que, de tantas opciones a elegir, por la razón que este libro haya llegado a tu vida, hayas visitado su interior y me hayas acompañado en el recorrido de su contenido. Pido que Elohim te bendiga e ilumine.

Comparto nuevamente este corto extracto de Juan 16. Según es el sentir de Yeshúa, es igualmente mi deseo.

"Aún tengo muchas cosas que deciros, pero ahora no las podéis sobrellevar..."

Preparémonos a su regreso descubrir insospechados tesoros de asombro.

Nos tomaría una vida entera para continuar compartiendo y conociendo los asuntos de Elohim. Son infinitos. Cuánto me encantaría poder ofrecer un relato de nunca acabar y que resulte en absoluta bendición y beneficio a toda alma en el mundo. Pero este libro debe llegar a su fin. Deseo más que nada que te haya servido para verdadero bien y total ganancia de tu alma para el Reino de los Cielos a punto de arribar. Mi agradecimiento por invertir tus ojos en estas palabras no conoce fin.

CONCLUSIÓN & ARGUMENTOS FINALES

Sí, existe vida después de la muerte para aquellos que son obedientes a Elohim. Una vida espiritual de increíble potencial más allá de nuestros sueños e imaginación. Si tan solo la humanidad entera pudiera captar el asombroso portento de tales impactantes y poderosas verdades. Adquirir vida inmortal dentro de la eternidad que Adonai nos promete debe ser nuestra totalitariamente abarcadora meta. Porque ese es el regalo y deseo de nuestro Misericordioso y absolutamente Amoroso Padre y el de su Hijo, Yeshúa, nuestro prometido Mesías. Agradezco con todo mi ser que hayas incursionado en este viaje conmigo. Deseo que algo de mi contribución al Evangelio se haya transmitido a tu interior y te dediques a tu inmediata relación íntima y personal con **ELOHIM**.

VIVE TU MUERTE indica el título y felicito tu valentía. Te atreviste a enfrentar este reto y descubriste un tesoro escondido de bendición y maravilloso porvenir para tu alma. Qué alegría haber sobrevivido, ¿no crees? Piensa que alma podría beneficiarse de este libro. Es bienvenido que alcances a otra alma viviente, le pases esta herramienta y le exhortes que se aventure al interior de estas páginas. Hay almas deseosas en descubrir a Elohim, su condición actual y su salvación.

Parto con un llamado especial para ti, que has leído hasta el final. Por dirección y autoridad de Adonai, y para el cumplimiento de la ordenanza de Yeshúa de predicar el Evangelio a todo el mundo, he logrado conllevarlo por medio de estas palabras que has sostenido en tus manos por el tiempo que te haya tomado llegar hasta aquí. Este libro existe para que descubras y conozcas **La Biblia.** La Palabra de Elohim. Es ahí donde la vida futura equivocada termina y la presente correcta y verdadera inicia. He compartido las verdades de Adonai ante ti y para tu salvación. Negligencia a ellas resultaría insospechadamente trágico. Atender y hacer caso traerá bendiciones, felicidad y gloria indescriptible. La salvación está a tu alcance. La decisión es ahora solamente... *¡TUYA!*

Llega a un alma en necesidad y bondadosamente compártele el amor de Elohim y riega la semilla del Evangelio por doquier, revela como Elohim se te ha revelado y conducido a salvación. Considera este libro un boleto para un viaje al futuro en una máquina del tiempo a una amistad, familiar o extraño en tu camino, y le preguntas si le gustaría poder regresar al pasado y corregir el peor error que pudiera cometer en su futuro, le depositas este libro en su mano y le dices, pues...

¡VIVE TU MUERTE!

-FIN-

Dedicatoria

*É*ste libro ha cumplido su misión. Llegó a tus manos y se seguirá esparciendo por el mundo a voluntad de muchas almas generosas que lo compartirán con amor, para lograr alcanzar almas para la salvación.

En primer lugar, dedico esta obra en agradecimiento total a nuestro Creador y Padre Celestial y eterna gratitud al Mesías Prometido, y Rey de Reyes.

Nuestro agradecimiento por permitirnos obtener tu perdón y gracia por medio de Yeshúa Ha'Mashiaj (Cristo El Mesías). A ti sea la honra y la gloria por siempre Señor.

En adición a todo lo que YHWH ES y de manera absolutamente especial, dedico este libro a ti Todopoderoso. El alma que sacó de su preciado tiempo personal para regalarlo a este servidor y permitir al Evangelio alcanzar tu interior. No existe nadie más preciado para

Elohim y para mí como usted. Es nuestro deseo que seas un alma viviente que se salva y nos reunamos a feliz vida eterna. YHWH te llama, Yeshúa se encuentra con sus amorosos brazos abiertos y este libro asiste a esa misión en este preciso instante. No existe una oferta igual en esta vida. ¿Aceptas a Cristo? Recibe nuestra cordial bienvenida al eterno Reino Sempiterno. El indescriptible paraíso venidero ha sido preparado y dedicado para *TI*.

Antonio Rivera Rosado

Bibliografía

LIBROS:

- Phillips, Frank B., *Su Manto o el Mío,* Publicado por Justified Walk, 5574 Deans Hill Rd. Berrien Springs, Michigan 49103, 2003.

www.ingramcontent.com/pod-product-compliance
Lightning Source LLC
LaVergne TN
LVHW012057070526
838200LV00070BA/2787